BILDERBUCH EINES UNIKUMS

AUTOBIO-GRAFISCHER KATALOG

VON KLAUS-DIETER REGENBRECHT

Bibliografische Information der Deutschen Nationalbibliothek:
Die Deutsche Nationalbibliothek verzeichnet diese Publikation in der Deutschen Nationalbibliografie; detaillierte bibliografische Daten sind im Internet über dnb.dnb.de abrufbar.

Regenbrecht, Klaus-Dieter:
BilderBuch eines Unikums – Autobio-Grafischer Katalog
1. Auflage 2023
Koblenz: Tabu Litu Verlag Klaus-Dieter Regenbrecht
ISBN: 978-3-925805-61-5

Impressum:

https://www.kloy.de
Layout, cover design and art: kloy

FSC www.fsc.org
MIX
Papier aus verantwortungsvollen Quellen
Paper from responsible sources
FSC® C105338

INHALT

Abb.unten: Aus den Roman „Stellas Promotion“ (1994)

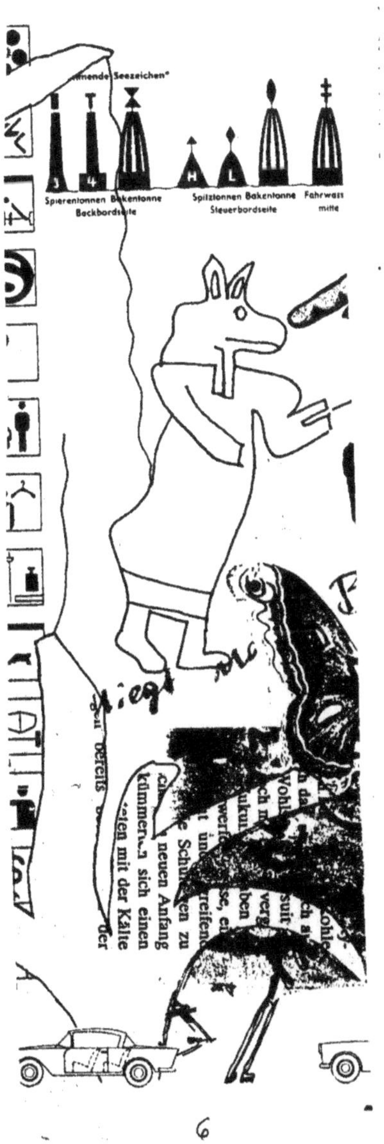

1950-1971

„Klaus ist ein Unikum,“ pflegte meine Tante Ida zu sagen, wenn ich als Kind bei ihrer Familie zu Besuch war. Sie war die Schwester meiner Mutter und lebte in Niedersachsen auf einem großen Bauernhof; ich war dort oft wochenlang zu Besuch, bevor ich zur Schule ging. Natürlich weiß ich nicht genau, was sie mit „Unikum“ meinte, noch was sie zu dieser Einschätzung gebracht hatte. Zeitlebens jedoch bin ich meinen eigenen Weg gegangen und habe mich auch künstlerisch in keine Schublade zwängen lassen.

Seit 1985 habe ich einen eigenen Verlag für meine Bücher, so dass ich nicht nur volle Kontrolle darüber habe, was wann erscheint, sondern auch mit welcher Umschlaggestaltung und mit welchen Abbildungen, Illustrationen, Grafiken oder Fotos in den Büchern. Allein in diesem Punkt hätte es sicher Auseinandersetzungen und Abstriche bei der Herausgabe in einem anderen Verlag gegeben.

Meine Bücher sind also häufig reich illustriert, wobei der Schwerpunkt natürlich bei den Texten liegt und gelegentlich bei Text/Bild-Kombinationen. Auch wenn alle diese Bilder sicher nicht den Anspruch „Große Kunst“ erfüllen, will ich sie in diesem Band versammeln, in einer zwar nicht vollständigen, aber hoffentlich repräsentativen Auswahl.

Kindheit und Jugend in den 1950er und 1960er Jahren bedeutete, dass fast jegliche Form der Freizeitgestaltung, Spielen, draußen stattfand und zwar, vor allem auf dem Land, ganzjährig. An meinen Enkelkindern kann ich sehen, dass eine Kindheit, nicht zuletzt wegen des Corona-Lockdowns, heute völlig andere Fertigkeiten protegiert. Meine Spielkameraden und ich haben alle erst in der Schule lesen und schreiben gelernt. Die allerersten Schreibversuche wurden noch auf Schiefertafeln unternommen, aber bald gab es Hefte und Füllfederhalter und Buntstifte. Die Zeichnung auf Seite 7 (links oben, ein Unterwassermotiv) ist die älteste, die ich noch besitze; sie stammt aus dem Jahre 1961, als ich elf Jahre alt war. Rechts oben ein bearbeiteter Ausschnitt aus einem Schwarzweiß-Foto aus dem Jahr 1953.

Mein Talent war zeichnerischer Natur, ich konnte Mickey Mouse originalgetreu nachmalen. Die Maus war auch meine erste Wandmalerei: Ich durfte sie in unserem Clubhaus, von einem Vater in der Nachbarschaft zur Verfügung gestellt, Mitte der Sechziger in Übergröße an die Wand malen. Eine weitere Wand zierte schon ein psychedelisches Porträt (Seite 8, links unten). Das war Ende der Sechziger in einem Haus, das wir vor seinem Abriss als Partylocation nutzen durften.

Die beiden Abbildungen von 1963 auf Seite 7 unten (Wasserfarbe und Bleistift) zeigen deutlich, dass innerhalb eines Jahres große Sprünge möglich waren (Handschrift).

1965, Seite 8 oben (Wasserfarbe), zeigt eine Hinwendung zu eigener Bildsprache, noch erkennbar gegenständlich, aber dennoch frei von konkreten Vorbildern. Rechts unten ein fiktives Porträt von 1969 in Wasserfarbe, lasiert. Auf Seite 9 wieder in Wasserfarbe, mit wenig Wasser mehrschichtig aufgetragen, eine Landschaft. Ein ähnliches Motiv auf Seite 11, auch Wasserfarbe, aber anders verarbeitet; 1967.

Ein Jahr später, 1968, wurde ich achtzehn Jahre alt und hatte zum ersten Male eine feste Freundin, begleitet von einem Kreativitätsschub. Auf Seite 10 eine Art Fusion-Porträt, eine Mischung aus Selbstporträt (vgl. Foto rechts oben von 1970) und einem Porträt Dennis Wilsons von den Beach Boys, deren Fan ich seit etwa 1964 war. Die kleine Abbildung links ist mit schwarzer Wasserfarbe ausgeführt.

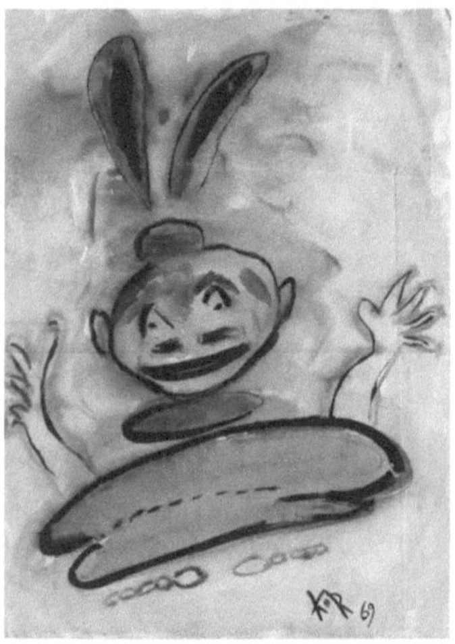

Rechts unten eine Tuschezeichnung von 1970. Zumindest bei diesen frühen Arbeiten machte ich mir nicht die Mühe, einen Titel zu finden. Meistens hatte ich auch keinen festen Plan, was es werden sollte, ließ mich leiten von spontanen Einfällen oder von einer einfachen Form, die wuchs, sich veränderte und Gestalt annahm.

Am Anfang, und auch später noch, nutzte ich an Materialien, was mir zur Verfügung stand, also Tusche, Buntstifte und Wasserfarben auf einfachem Ringbuchpapier, dann auch Zeichenblockpapier, das ich für die Schule brauchte. Oft genug habe ich beide Seiten bemalt.

Mit einundzwanzig Jahren, schmächtiger Spätentwickler, der erst mit sieben Jahren eingeschult worden war, machte ich 1971 mein Abitur, und mein erster

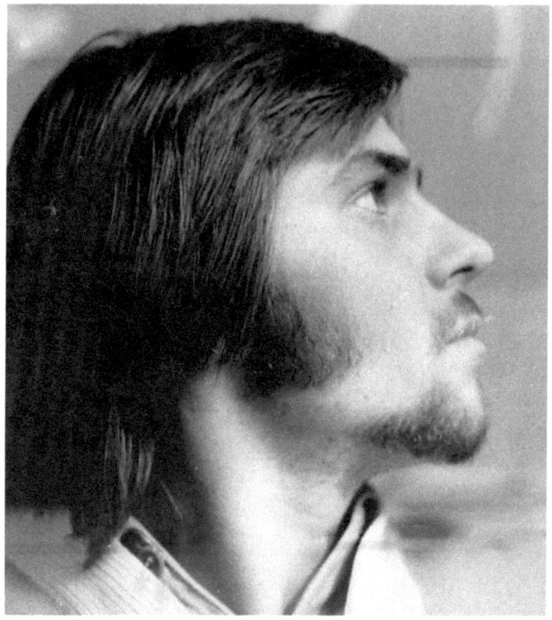

Studienwunsch war Kunst. Ich glaubte jedoch nicht, dass mein Sammelsurium an Zeichnungen und Wasserfarbbildern ausreichen würde, um an einer Hochschule zu einer Prüfung zugelassen zu werden.

Was sollte ich also machen? Auf die Idee einer fundierten Berufsberatung kam man damals eher nicht; anscheinend wusste man auch so, wofür Eignung bestand; ich wusste es nicht.

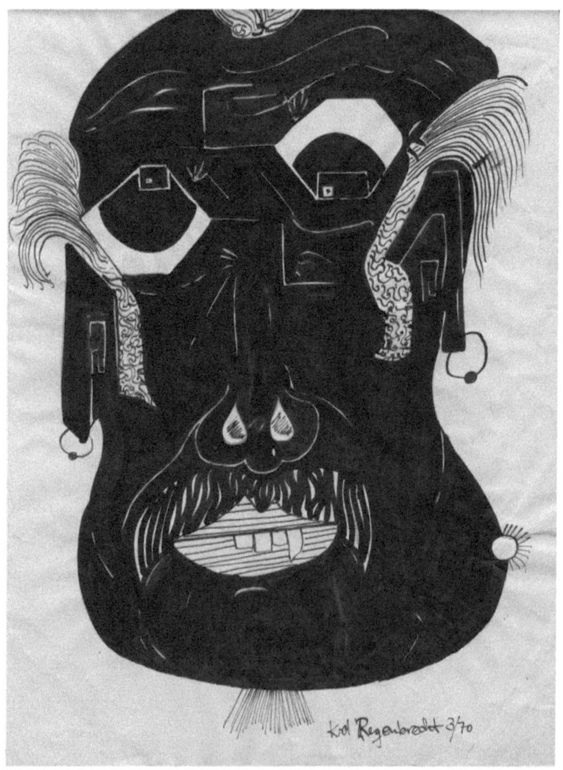

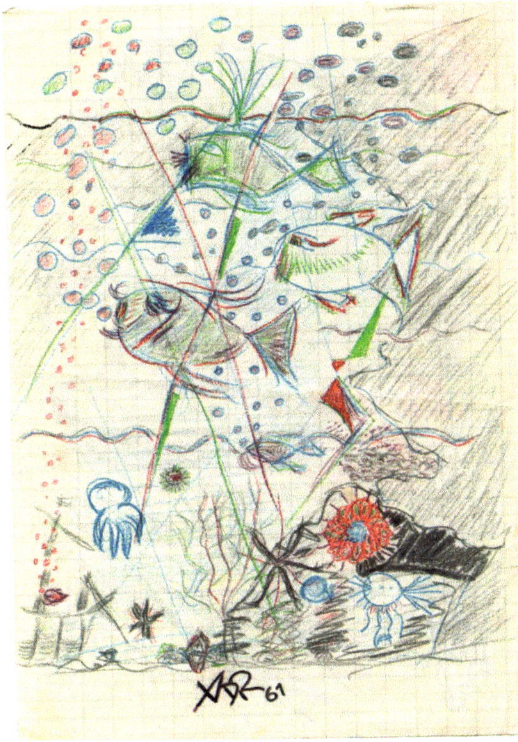

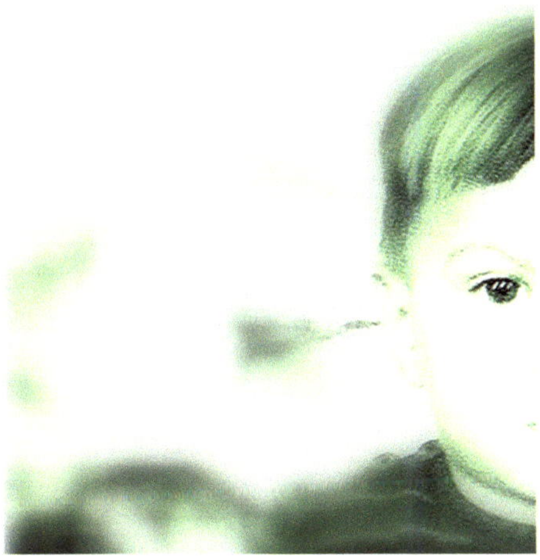

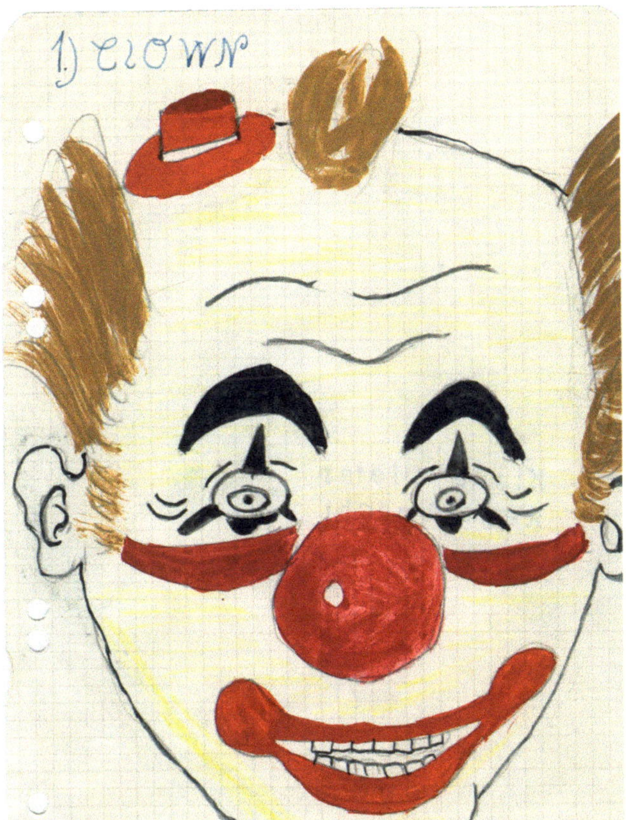
1.) CLOWN
beg: 30.1. 1962
fertiggest:

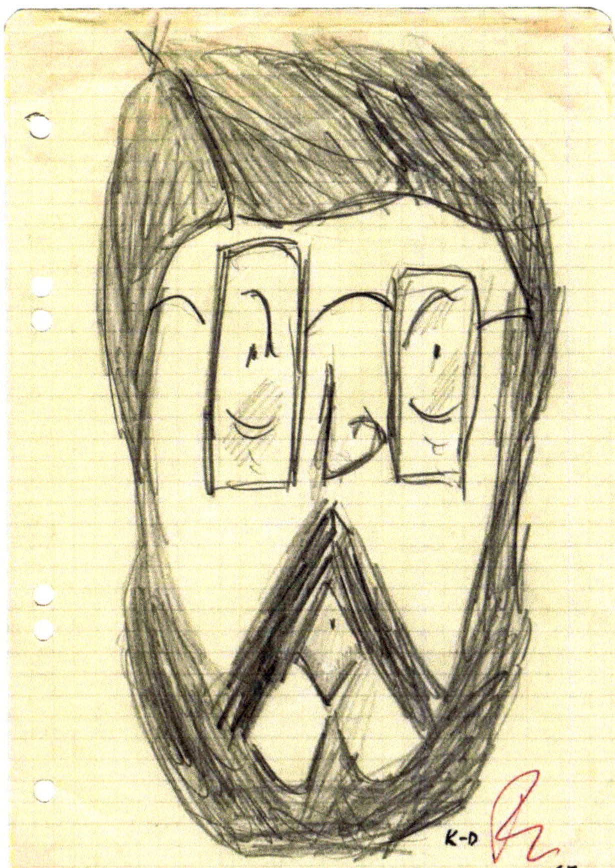
K-D
63

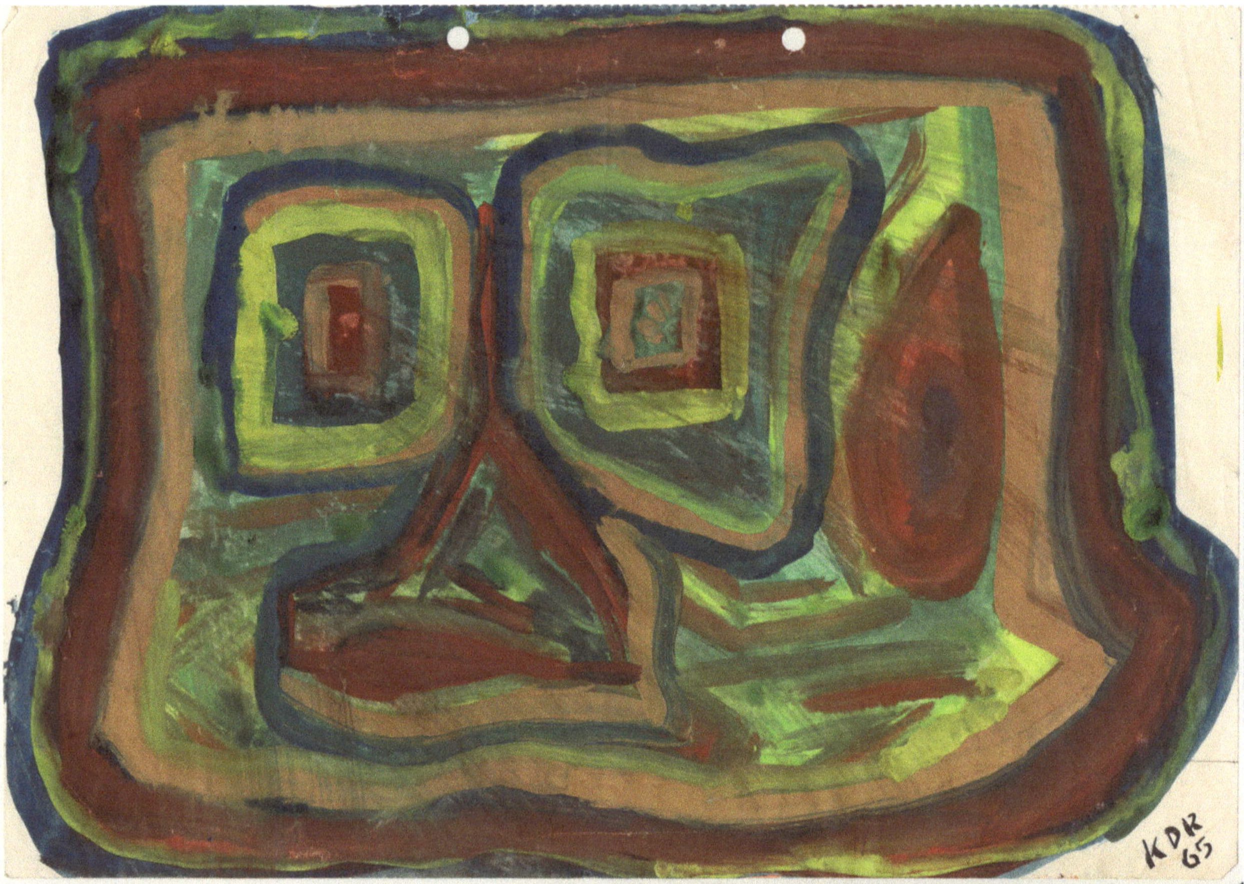
KDR
65

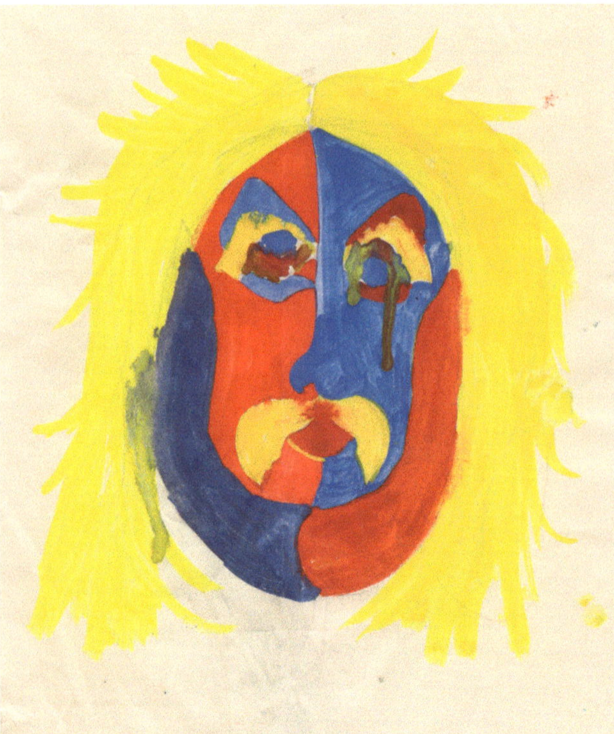

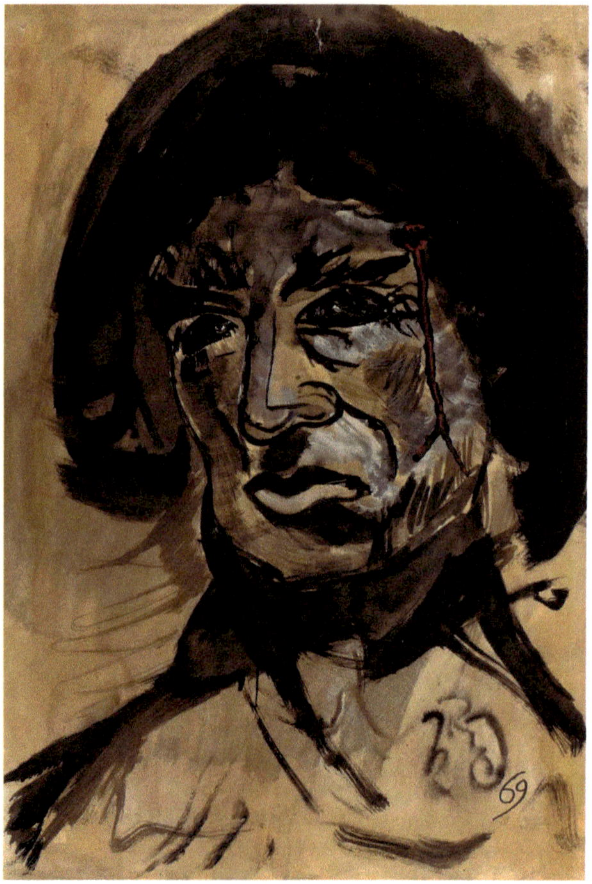
69

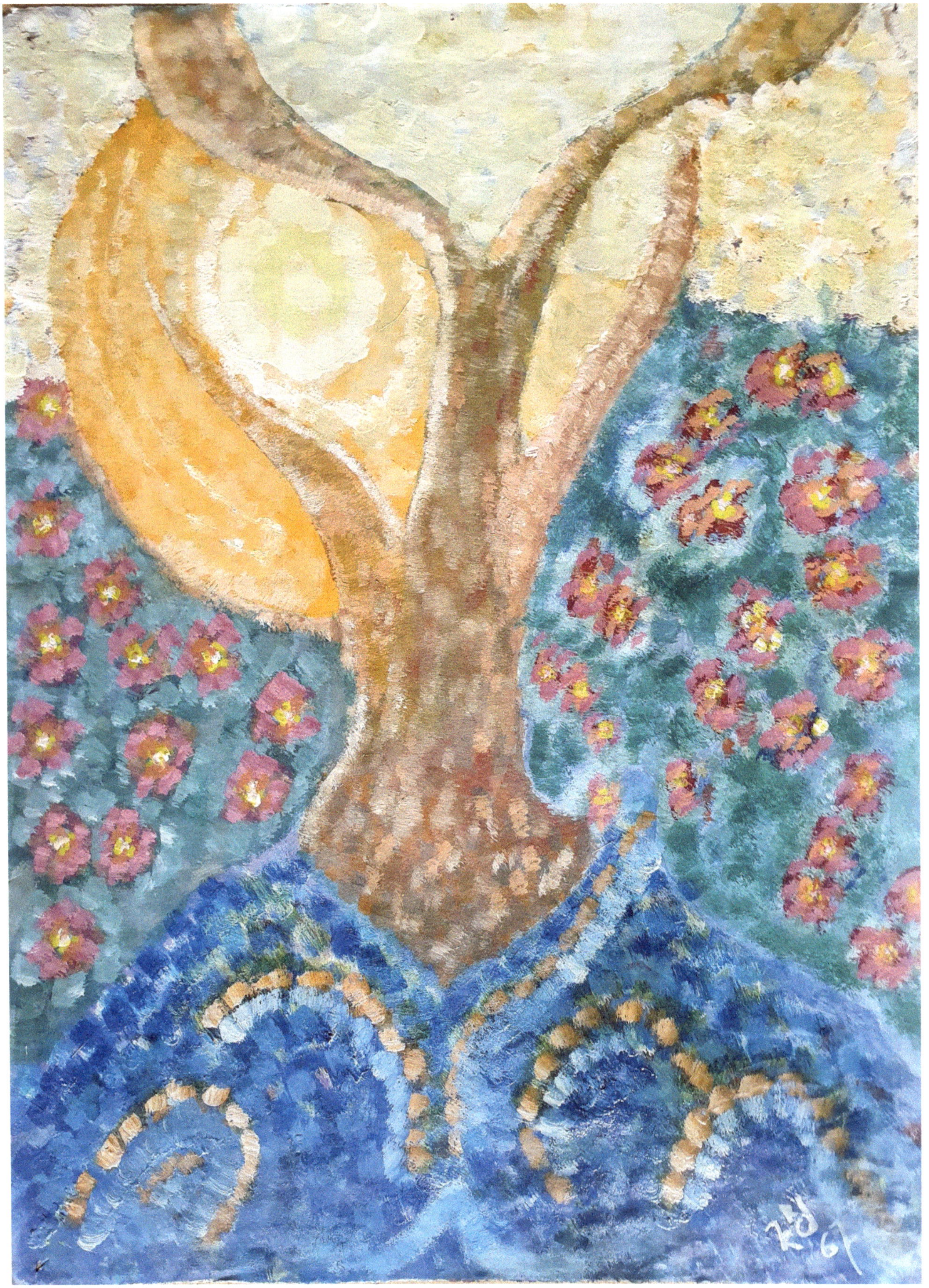

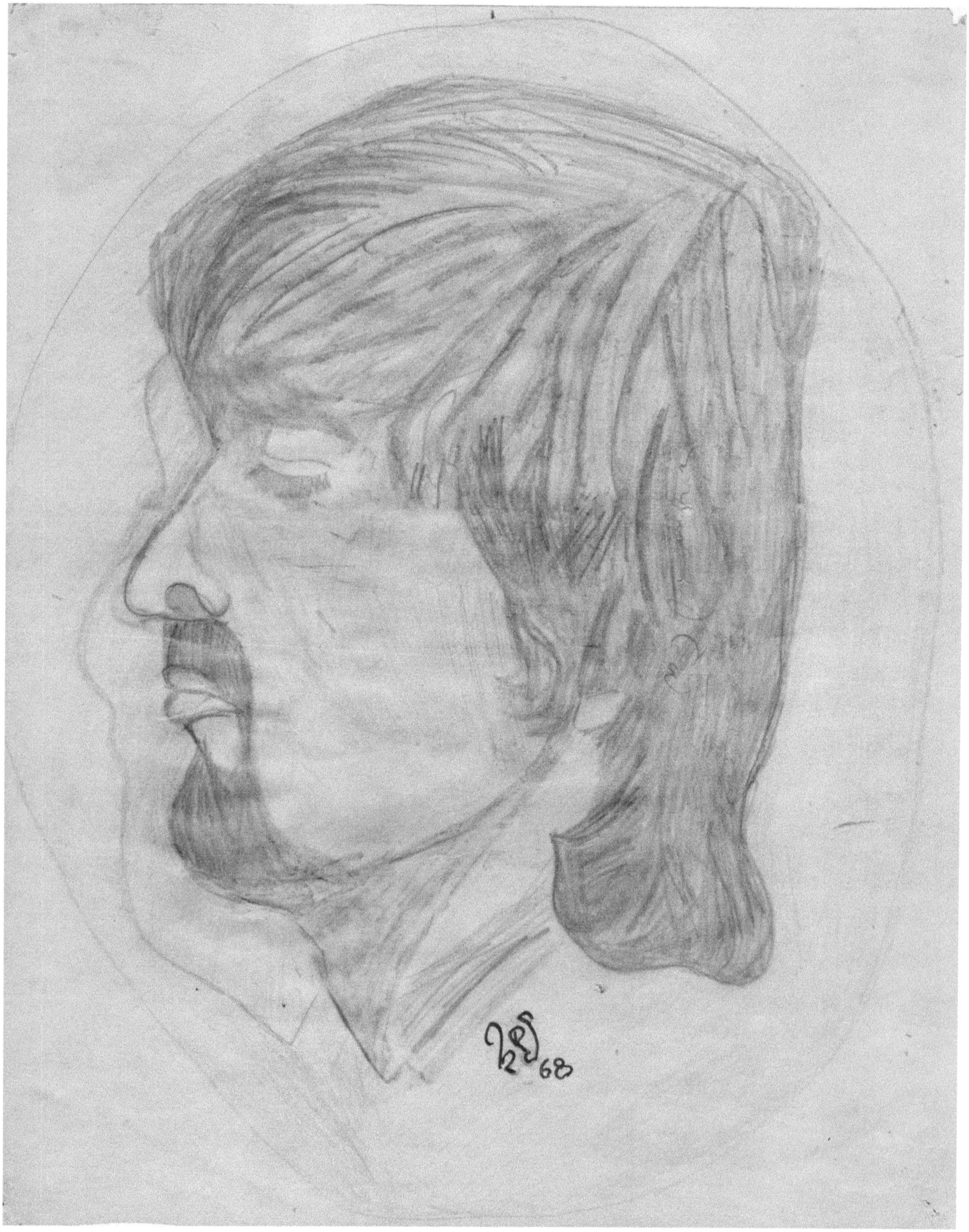
68

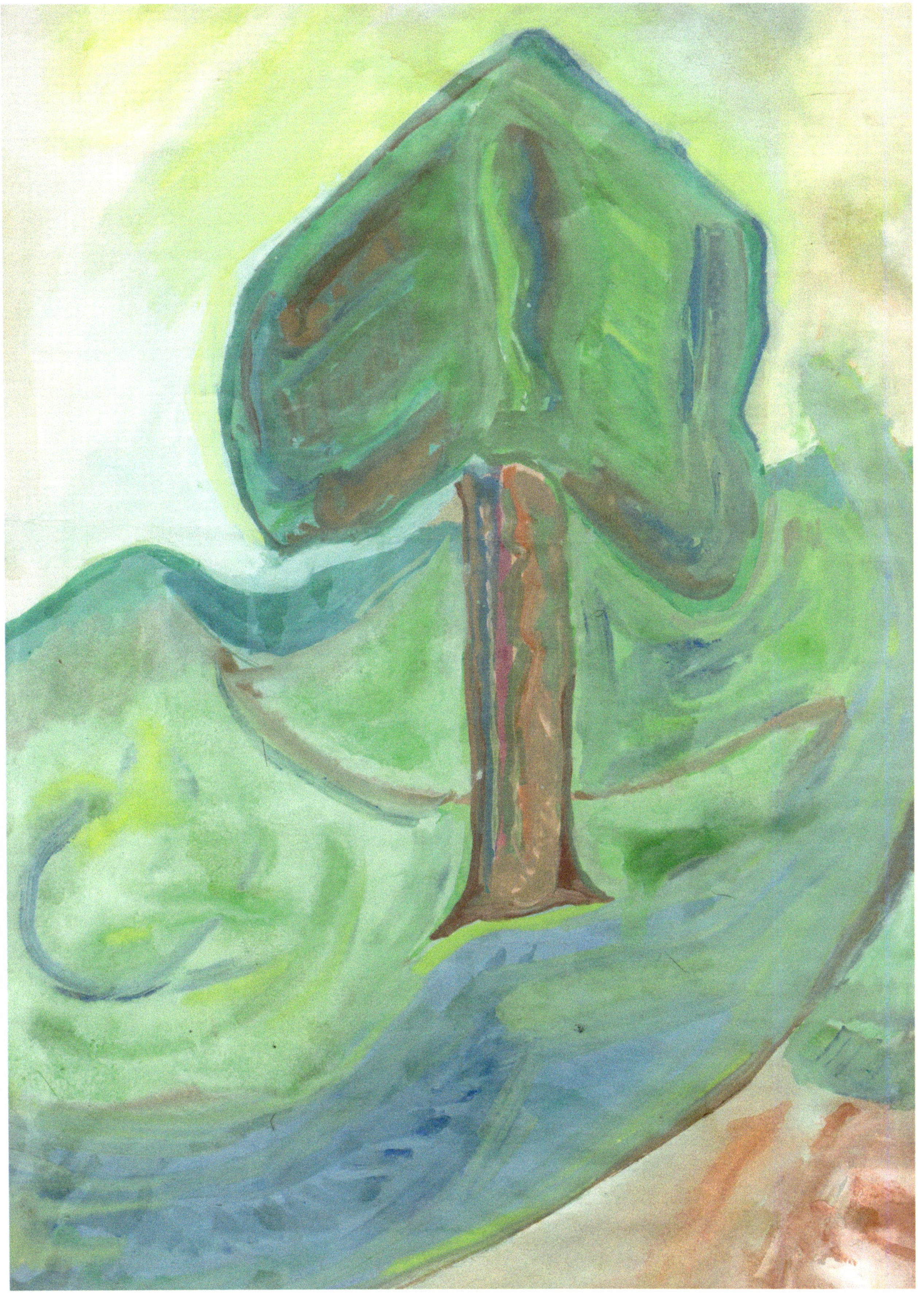

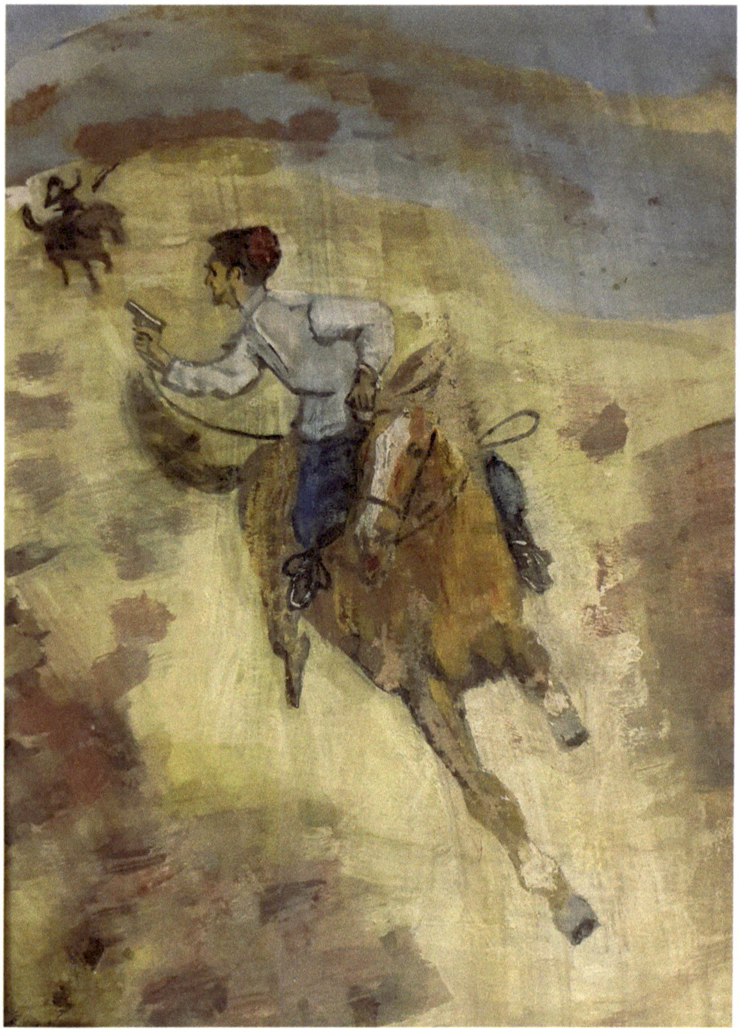

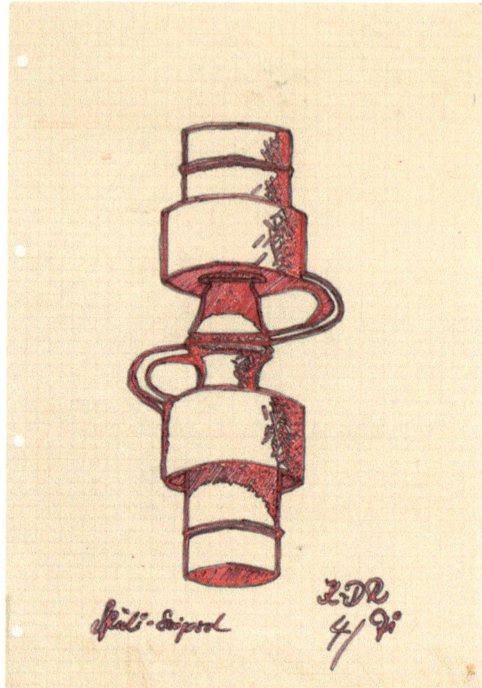

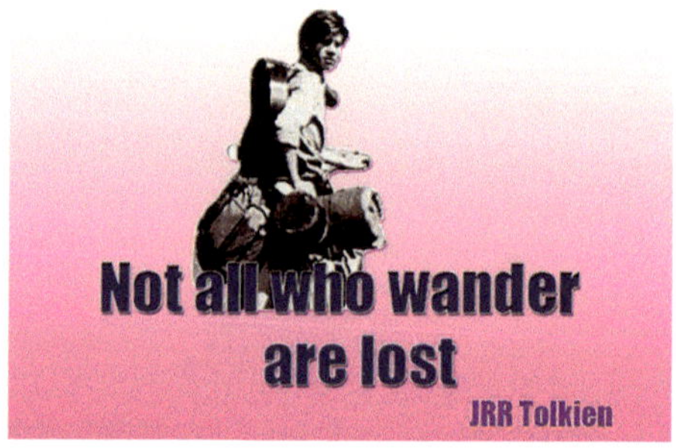

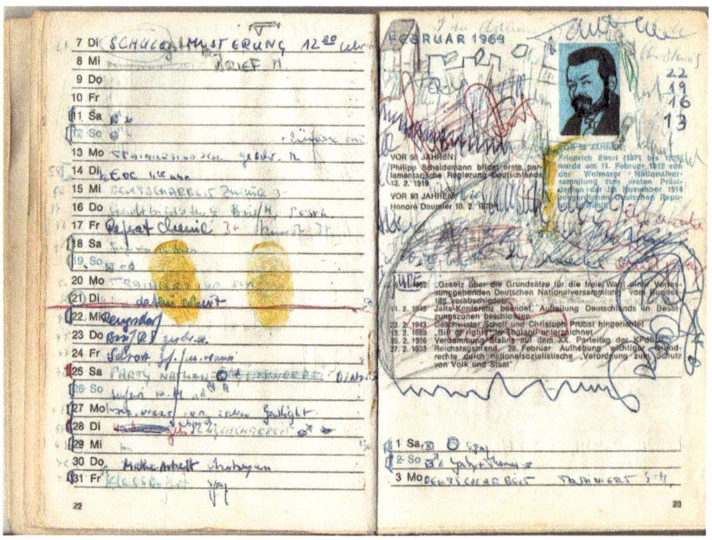

Oben links, Wasserfarbe von 1969, vom Umschlag eines Buches abgemalt: „Der Kurier des Zaren“ von Jules Verne. Ein Buch, das mich einige Jahre zuvor tief beeindruckt hatte. Oben rechts: Spüli-Stöpsel 1971, Filzstift. Ferienjob bei Procter & Gamble (einer von vielen). „Not all who wander,“ bearbeitet nach 2010 und kombiniert mit einem Foto von 1965; Fahrradtour in den Spessart durchs Rheintal. Links der Januar/Februar des Jahreskalenders von 1969. So sahen alle meine Kalender und auch die meisten Schulbücher aus.

1972-1979

In meinem Abiturszeugnis hatte ich in drei Fächern eine Zwei: Kunst, Sport und Englisch. Kunst traute ich mir nicht zu, also begann ich 1973, nach meiner Zeit bei der Bundeswehr, in Tübingen das Lehramtsstudium Englisch und Sport; drei Semester lang auch noch Geographie. Zeichnen und Malen waren erst einmal passé. Aus dem Jahr 1973 habe ich kein Bild in meiner Sammlung, was nicht notwendigerweise bedeutet, dass ich gar nichts gezeichnet oder gemalt hätte.

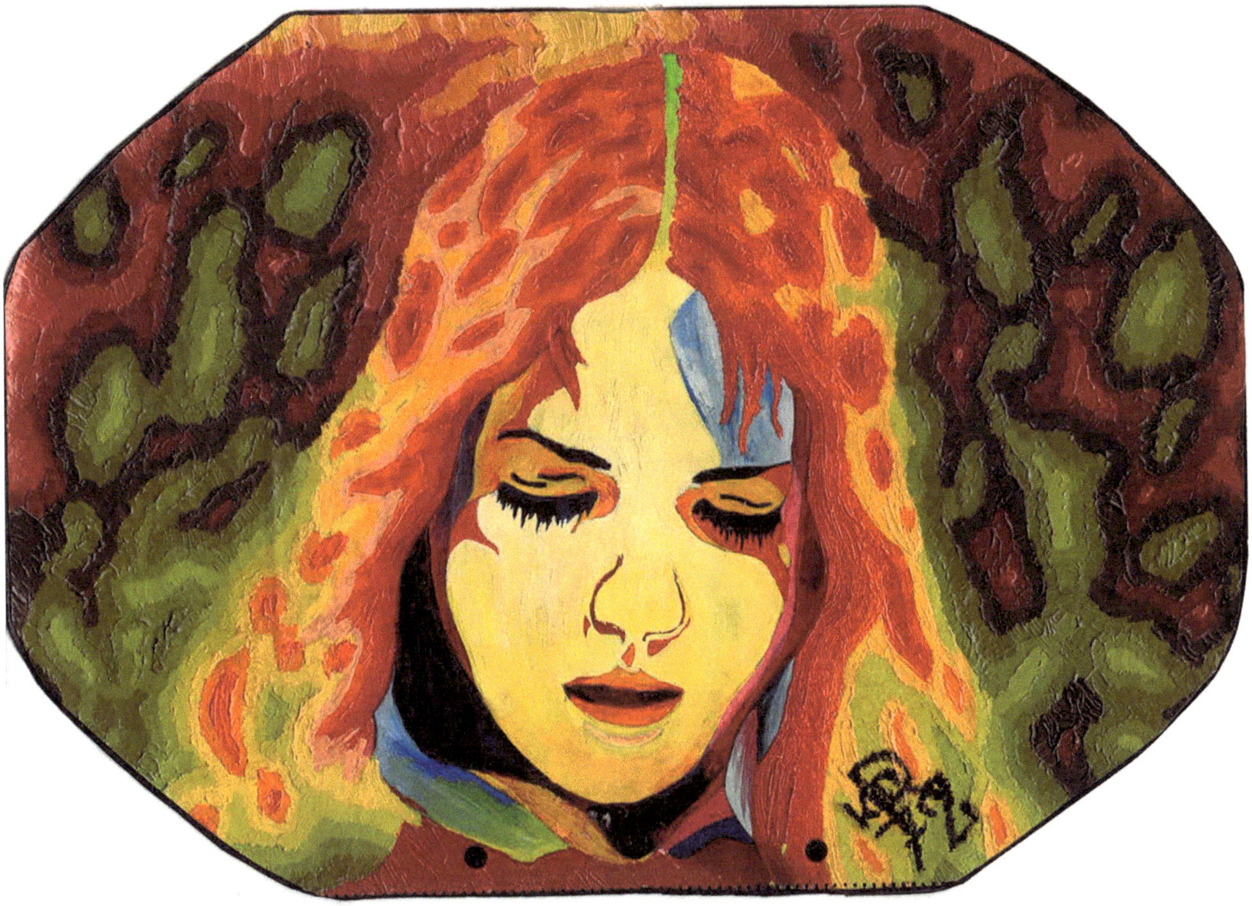

Dieses Bild von 1972 ist das erste in Ölfarbe, und immer noch, wie man sieht, auf Ringbuchpapier, auf schwarzen Karton aufgeklebt, gefirnisst.

Ich war nun Student in Tübingen und musste mich erst einmal zurechtfinden. Wie alle Studienanfänger belegte ich anfangs zu viele Vorlesungen, Proseminare und Übungen. In einem Englisch-Proseminar stellte der Dozent uns Creative Writing vor und ließ uns auch eigene Gedichte verfassen. Was mich jedoch über das reine Studieninteresse hinaus für die amerikanische Literatur begeisterte, war die „Holland"-LP der Beach Boys aus dem Jahr 1973. Auf dieser LP ist ein Stück zu finden, in dem ein Gedicht von Robinson Jeffers rezitiert wird. Ich recherchierte in der englischen Fachbereichsbibliothek und fand einen hochinteressanten Lyriker. Ab sofort studierte ich nicht nur, um später Englisch unterrichten zu können, sondern weil ich ein ganz persönlich-intimes Interesse, das nun auch wissenschaftlich geprägt war, an Literatur zu entwickeln begann.

Im Dezember 1974 zog ich mir beim Leichtathletiktraining in der Halle (Weitsprung über eine Kastentreppe) einen Bruch des Schienbeinkopfs zu. Eine Woche Klinikaufenthalt, Gipsverband für sechs Wochen, anschließend Reha. Nicht nur das Sportsemester war gelaufen. Der Unfall inspirierte mich zu meinem ersten Gedicht, das nicht im Rahmen des Creative Writing verfasst wurde: „Auf dem Rücken." Dieses Gedicht reflektiert einen Bruch nicht nur des Schienbeinkopfs. Zeit für eine Veränderung. Zum Sommersemester 1975 schrieb ich mich an der Universität in

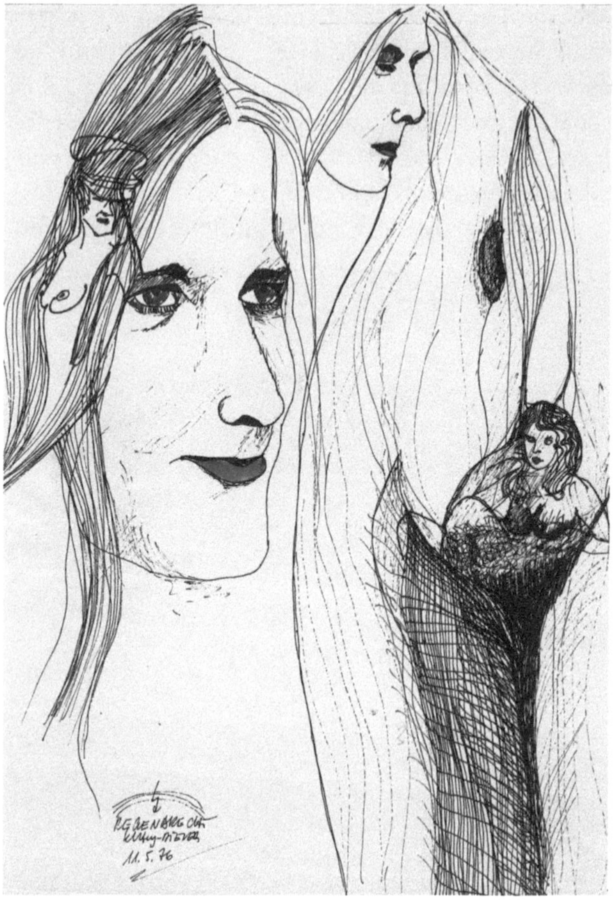

Bonn ein. Es hatte verschiedene Gründe gegeben und verschiedenen Optionen.

Bonn war es und Bonn war eine gute Entscheidung, wie sich herausstellte. Sogar mein Englischprofessor, zu dem ich in Tübingen schon einen guten Draht hatte, war nun in Bonn, und bei ihm belegte ich meine wichtigsten Seminare, schrieb meine erfolgreichsten Interpretationen, hob mein Verständnis für Literatur auf eine völlig neue Stufe.

Auch die Lust, mich bildnerisch auszudrücken kam zurück: auf eine neue, ganz andere Art und Weise als bisher: Collagen oder Cut-ups. Schnipsel aus allen möglichen Magazinen. Die erste Collage, Seite 15 oben, besteht lediglich aus vier Elementen. Neu war der politische Aspekt; Seite 15, links unten, und Seite 16. Seite 15 rechts unten spielt eher mit korrespondierenden Formen.

Drei Zeichnungen von Anfang 1976 oben, „Big J", und auf Seite 17 zwei Selbstporträts, das obere auf leicht glänzendem Affichenpapier (Ausschnitt), das eigentlich ungeeignet ist, vor allem für einen harten Bleistift. Die kleine Zeichnung unten porträtiert meinen rechten Arm; die Konturen sind leicht mit schwarzer Tusche nachgezeichnet.

Da ich in Sport einiges nachzuholen hatte und jeden Tag mehrere Stunden in allen möglichen Sportarten aktiv war, ich darüber hinaus mein pädagogisches Begleitstudium absolvieren musste, war ich voll und ganz beschäftigt. Bekanntlich sind die Studienbedingungen in den einzelnen Bundesländern durchaus unterschiedlich, und in Nordrhein-Westfalen musste man als Lehramtskandidat ein mindestens sechssemestriges pädagogisches Begleitstudium mit Prüfung abschließen; ich konnte damit also erst in meinem fünften Hochschulsemester beginnen.

Aber ich bekam das hin und in meinem Studium insgesamt gut voran. 1977 fing ich einen Job am Theater in Bad Godesberg an, was nicht nur eine Wohltat für den Geldbeutel war, sondern mich auch künstlerisch weiterbrachte. Ich schrieb bald selbst ein Theaterstück und legte das zwei gastierenden Regisseuren vor. Der eine lehnte es ab, der andere meinte, es sei mit einigen Korrekturen sehr wohl spielbar. Es wurde aber nie gespielt.

Das Stück heißt „Grenzlichter" und handelt von einem jungen Paar, das als Aussteiger alles hinter sich lassen und im verlassenen Grenzgebiet zur DDR Zuflucht sucht. Die Tuschezeichnung unten illustriert

Weiter auf S. 21

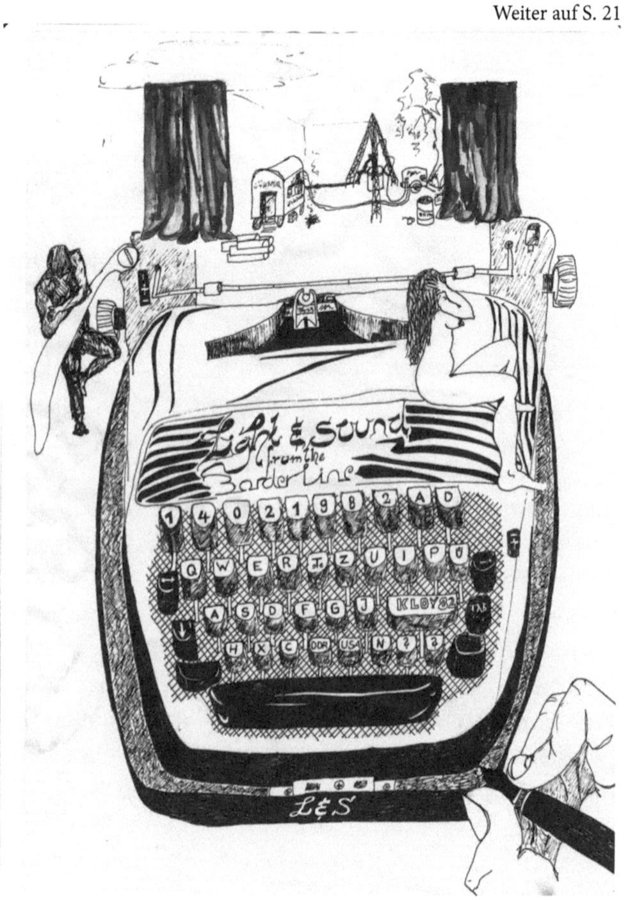

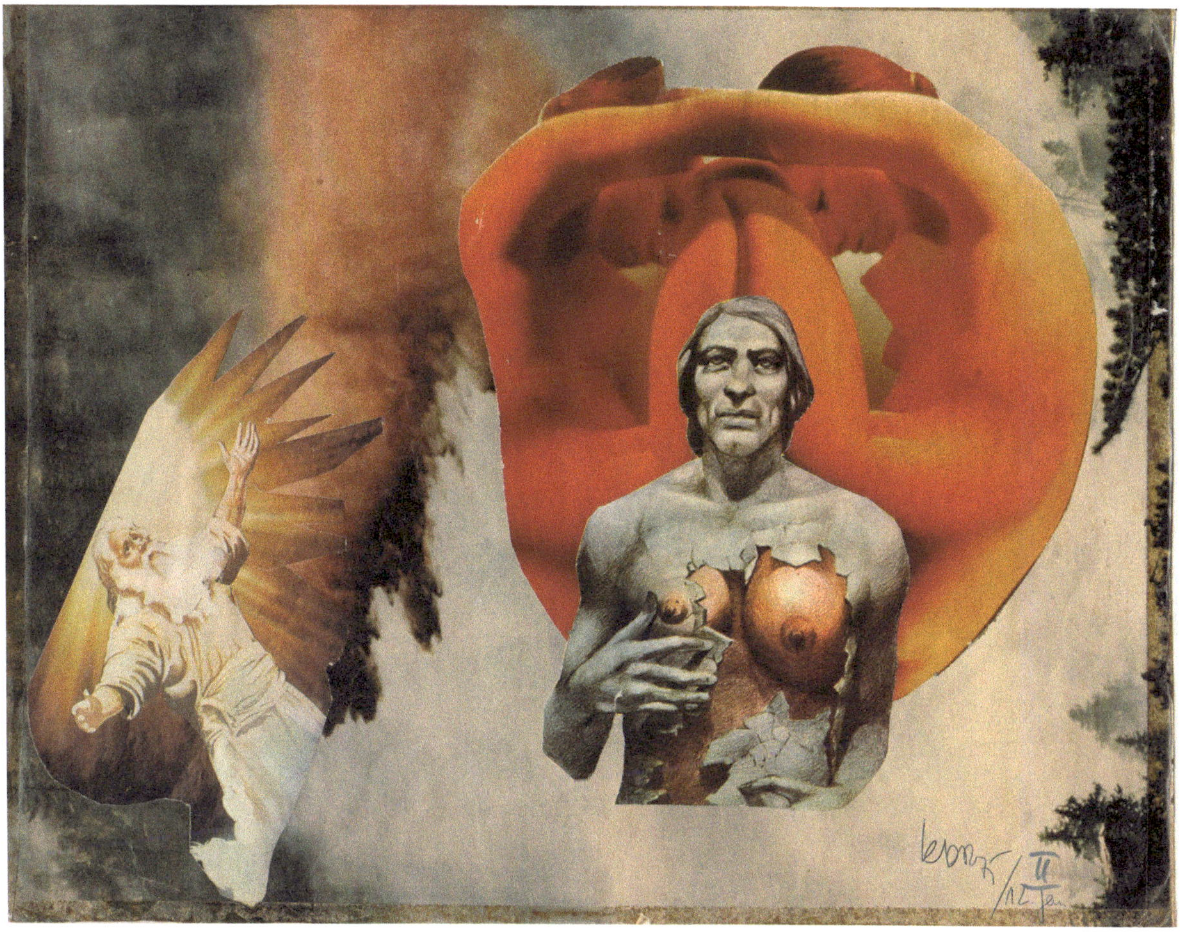

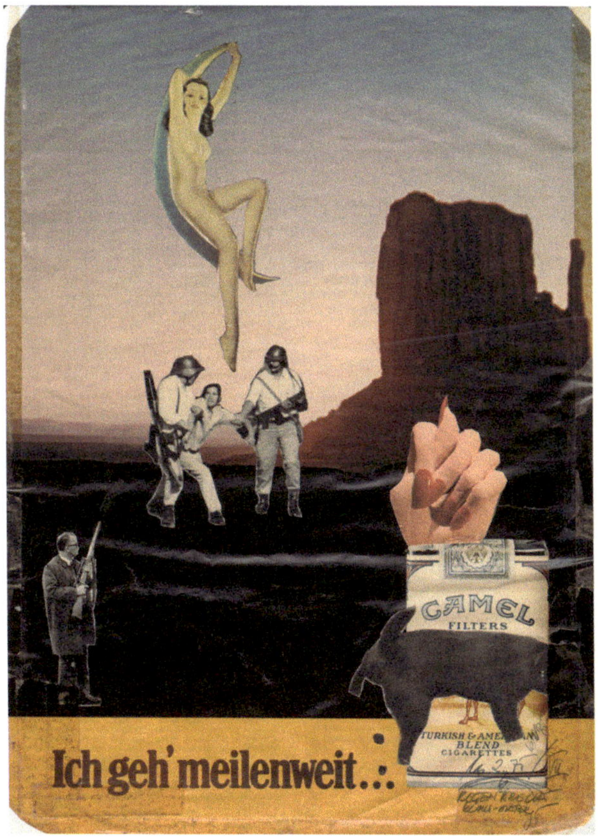
CAMEL
FILTERS
Ich geh' meilenweit . .:.

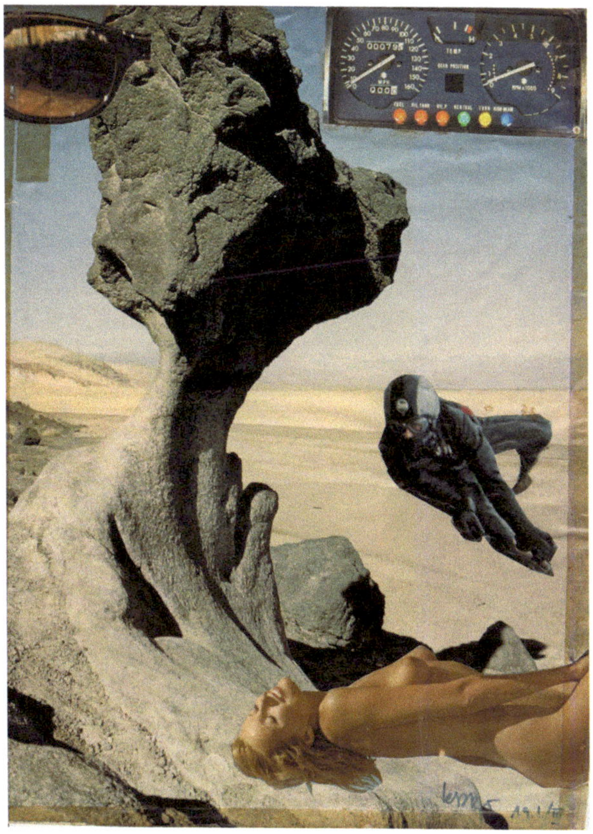

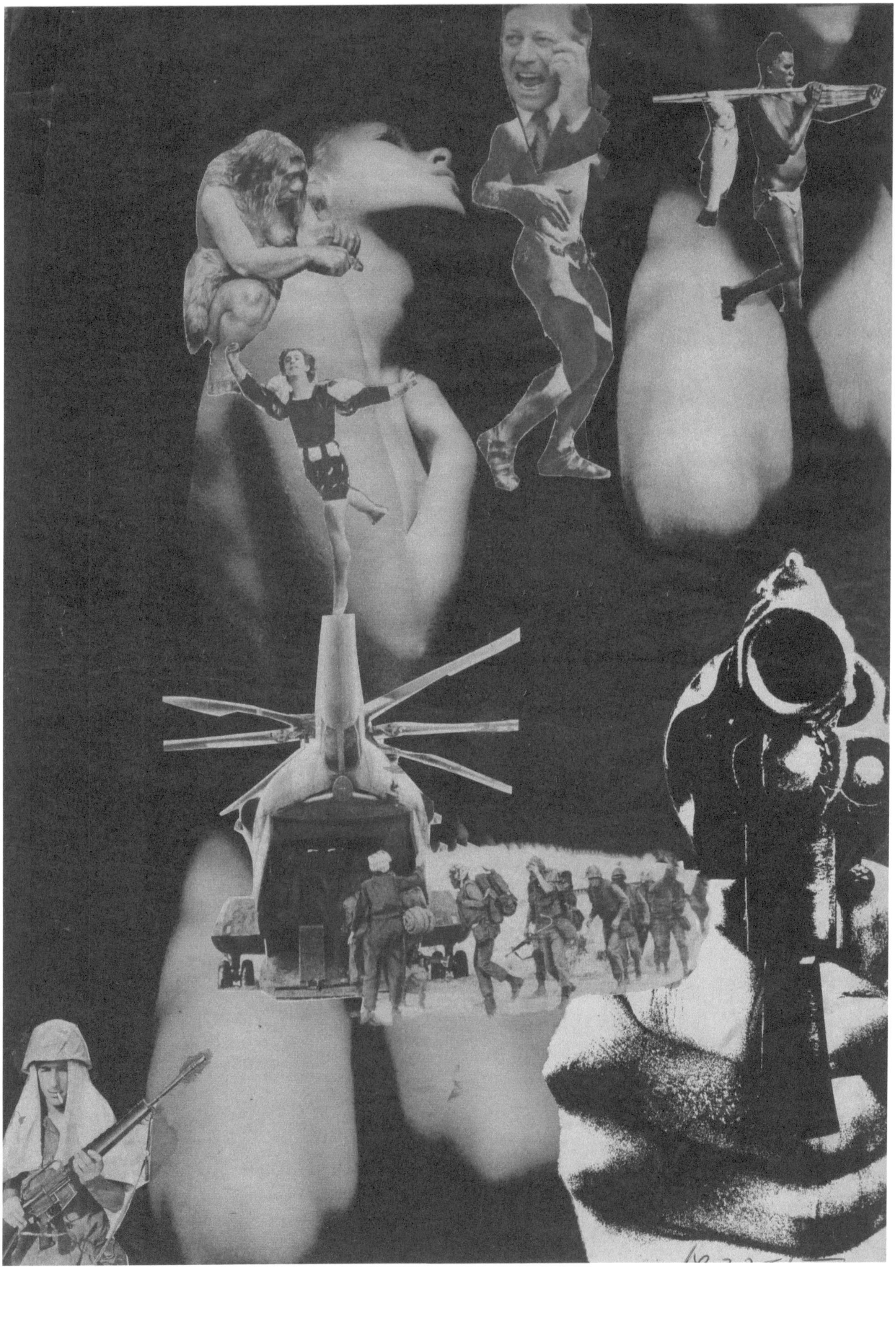

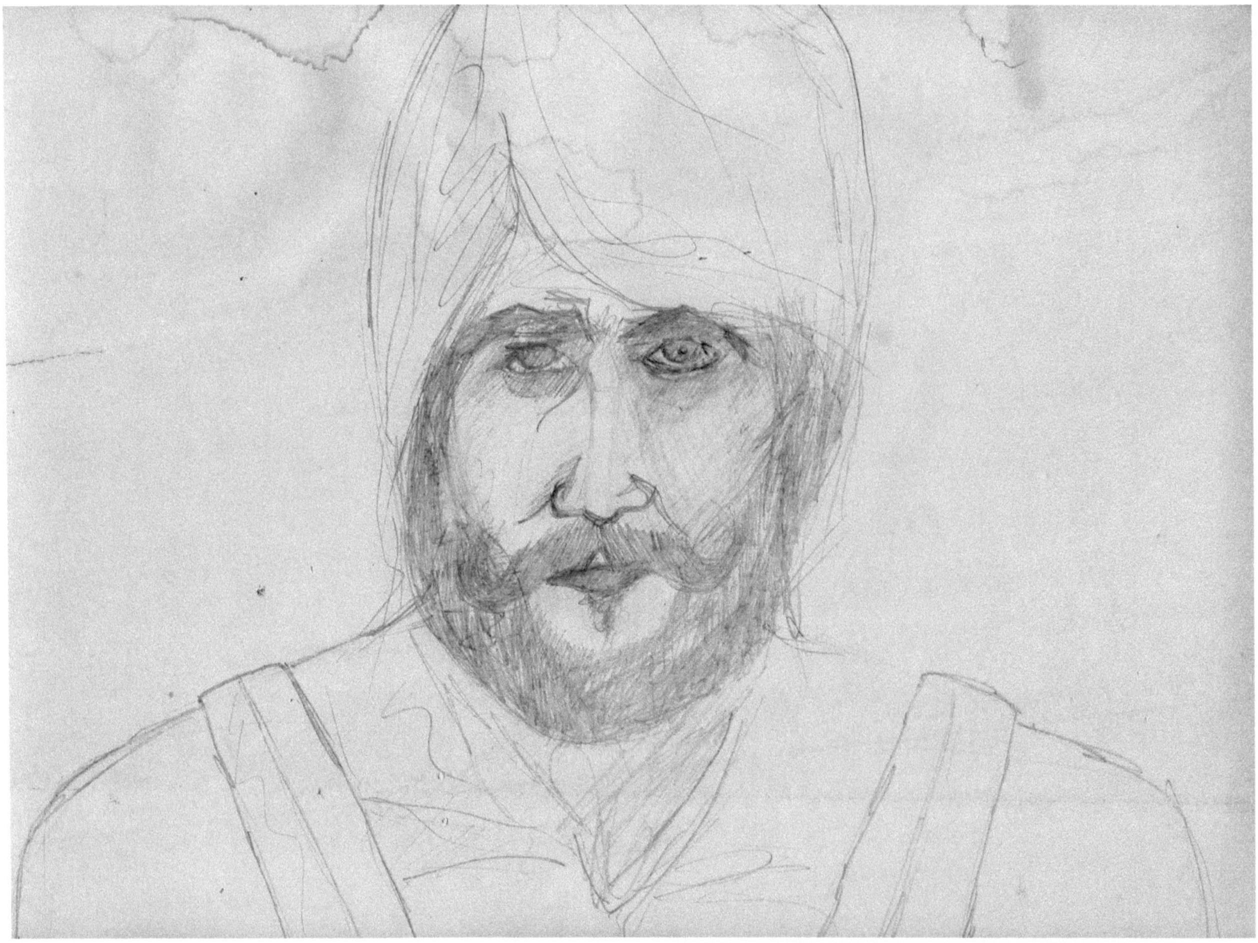

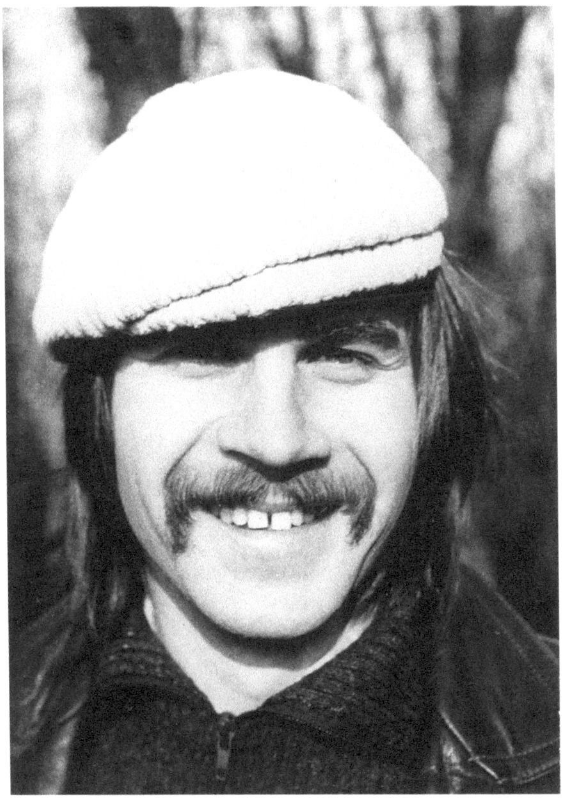

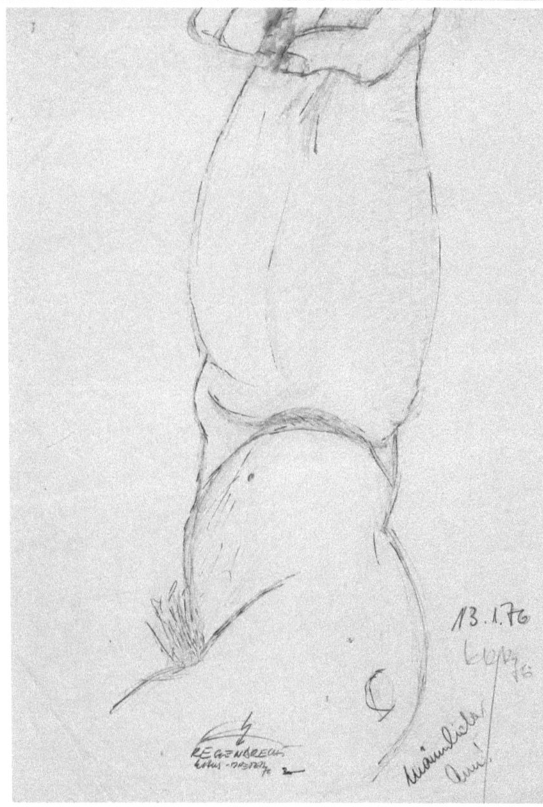
13.1.76

SONNTAG, 17,25 H

Tübingen, 5.11.1975

In 15 Minuten wird der
Klebstoff getrocknet sein, & ich
werde noch einmal versuchen,
meinen alten Füller zu reparieren.
DRAUSSEN wird es dunkel & trüb; Anfang
November. Ich lasse die Rolläden
herunter, ohne das Bild des
betenden Mohammedaners
zu vergessen, den ich immer
noch im Fenster

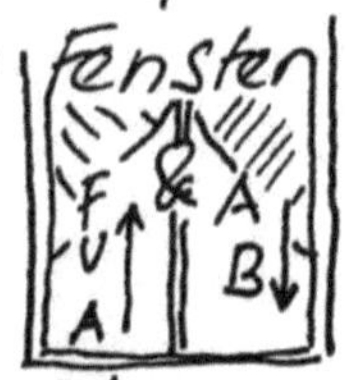

tauchen sehe.
Eine (1) viertel (=1/4) Std. nur
& davon ist auch die Hälfte (1/2)
schon vorbei.
Selbst wenn ich den Schreiber
wieder hinkriege, werden DICH
Dich meine Worte
nie erreichen, falls ich
überhaupt noch etwas schreibe.

+ Sonntag + 17,40 h +

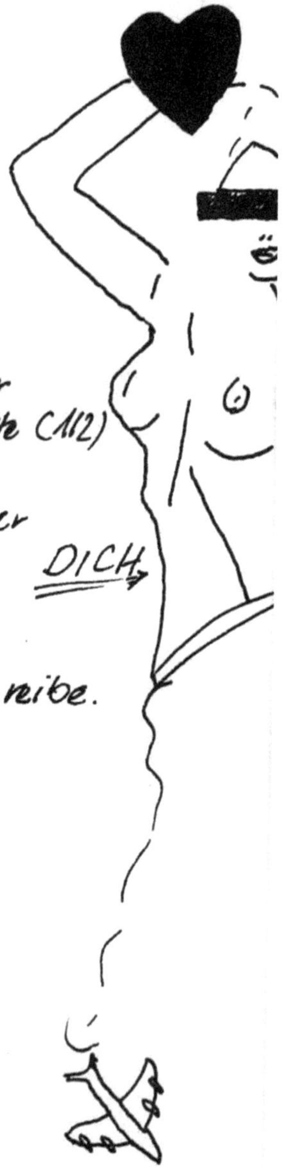

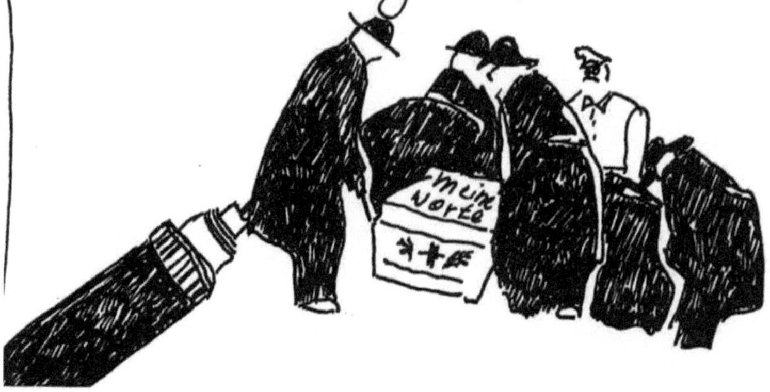

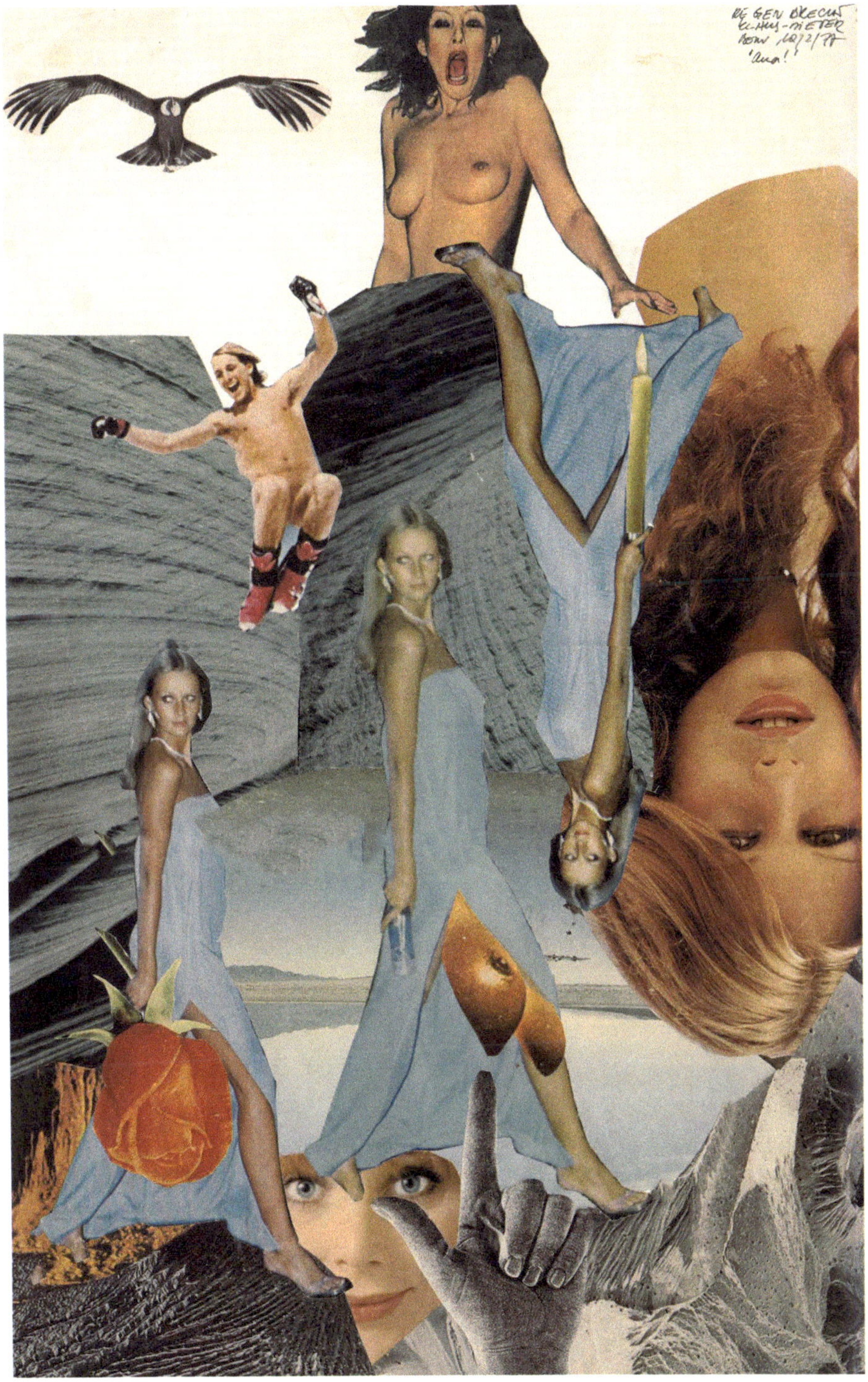

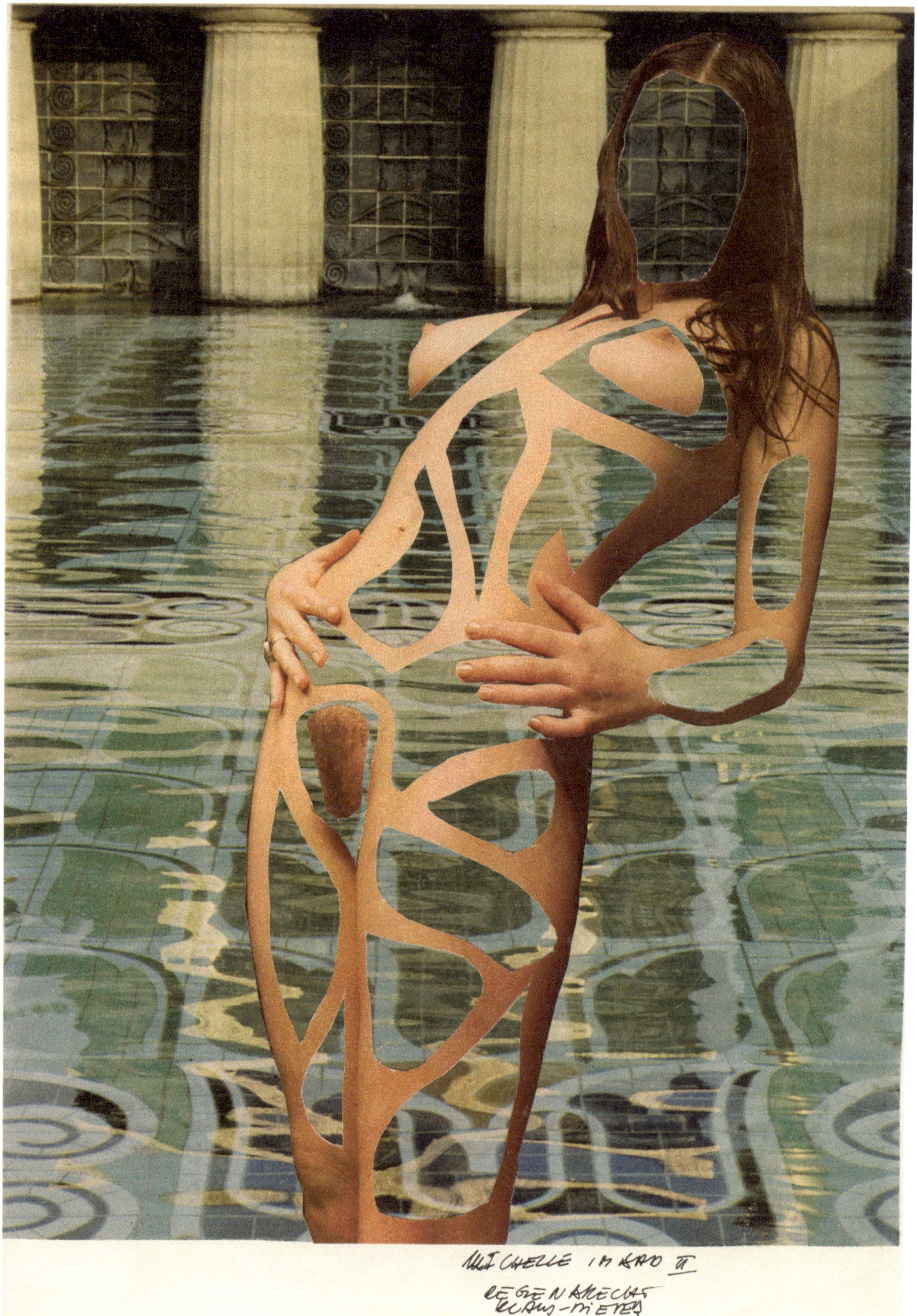
MICHELLE IM KARO II
GEGENARBEIT
KLAUS-DIETER

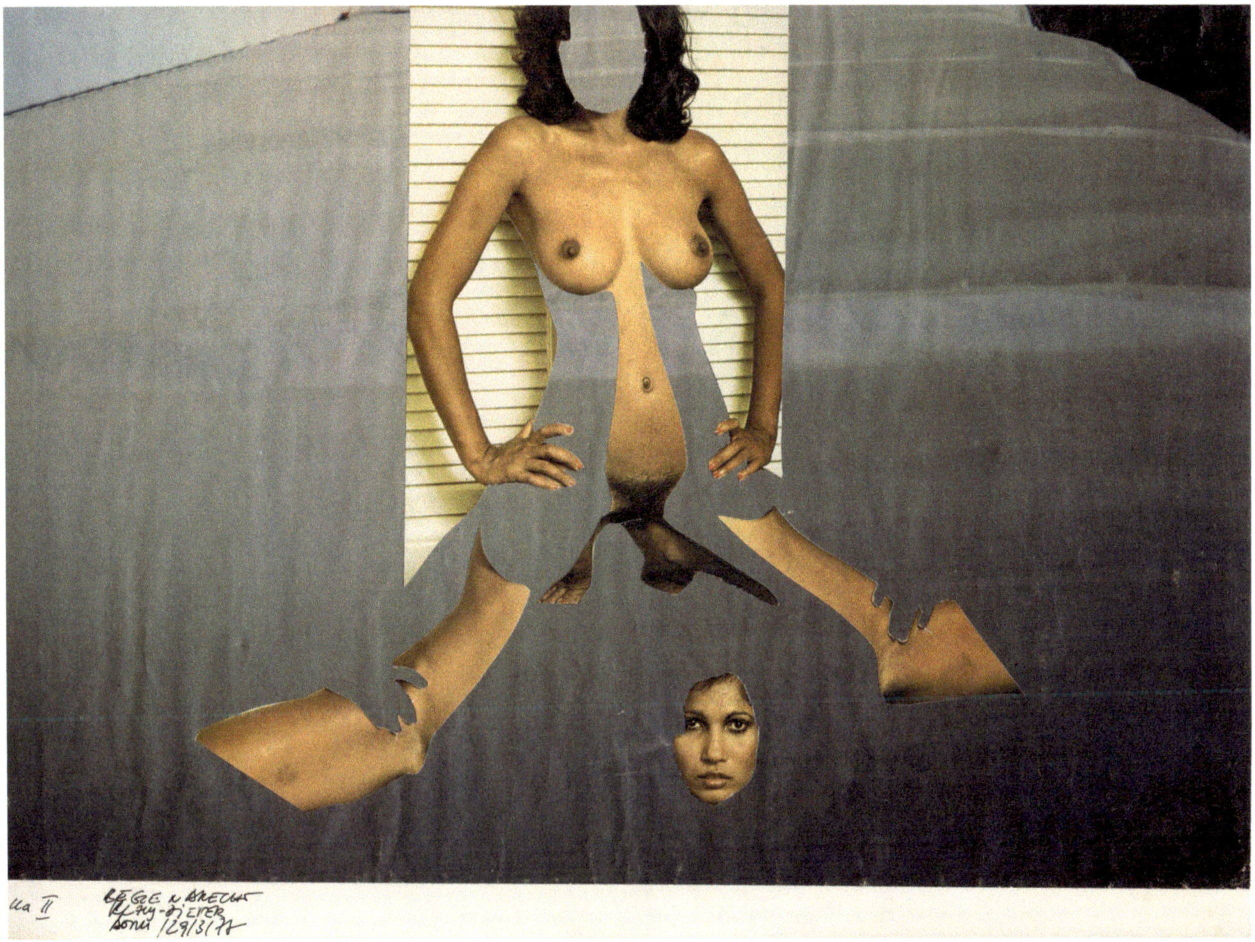

hinter der Schreibmaschine die Szenerie des ersten Aktes, ein Bohrplatz. Die Zeichnung „Light & Sound from the Borderline“ stammt von 1982 und ist bereits mit KLOY (in der Tastatur der Schreibmachine) signiert. In der Zahlenreihe das Datum: 14021982 AD, in der untersten Buchstabentaste zwischen C und N die Länderkürzel DDR und USA.

Ich habe bereits erwähnt, dass ich als Kind sehr schmächtig war und deshalb erst mit sieben Jahren eingeschult wurde. Man rief mich also Kläuschen, das wurde kurz zu Kläu, und in den späten 1960ern machte ich anglisierend kloy daraus. Wir werden sehen, wann ich vom vollen Namen über das Kürzel KDR zu diesem Künstlernamen wechsele, den ich ja auch für meine Website verwende. Vor allem hat mich dieser Namen mein ganzes Leben und an alle Orte mit so vielen verschiedenen Menschen begleitet.

Das Gedicht auf der nächsten Seite gibt fälschlicher Weise Tübingen als Ort an, aber im November 1975 war ich schon in Bonn. Auch wenn dieses Werk eine Krisensituation festhält, von denen es genug gab, war die Zeit in Bonn sehr bunt und abwechselungsreich.

Seite 19 eine Collage, die den Titel „Aua“ trägt. Die Collagen auf Seite 20 und diese oben gehören zu einer Serie von insgesamt vier Bildern. „Michelle im Bad I“, „Michelle im Bad II“, sowie „Louella I“ und „Louella II.“ In der Zeit vor dem Internet gab es in den 1970ern und 1980ern eine Vielzahl an sog. Herrenmagazinen. Ich muss einiges an Geld ausgegeben haben, um das alles zerschneiden zu können.

Ich kann diese Sezierungsbilder selbst kaum einordnen, ich weiß nur, dass es außer den vieren, von denen zwei abgebildet sind, keine solchen Versuche mehr gegeben hat. Auch kann ich in meinen Tagebuchaufzeichnungen keine Besonderheiten entdecken, die Aufschluss darüber geben, dass ich den Arbeiten mehr Bedeutung beigemessen hätte als anderen; es waren für mich Bilder, ästhetisch-spannende Kombinationen. Alle vier zeigen die Frauen vor Landschaften, architektonischen Ensembles (Seite 20) oder einer Insatallation (oben) in der Landschaft des Verpackungskünstlers Christo.

Erst sehr viel später bin ich auf die Arbeiten Hans Bellmers (1902-1975) aufmerksam geworden, der in

Weiter auf S. 23

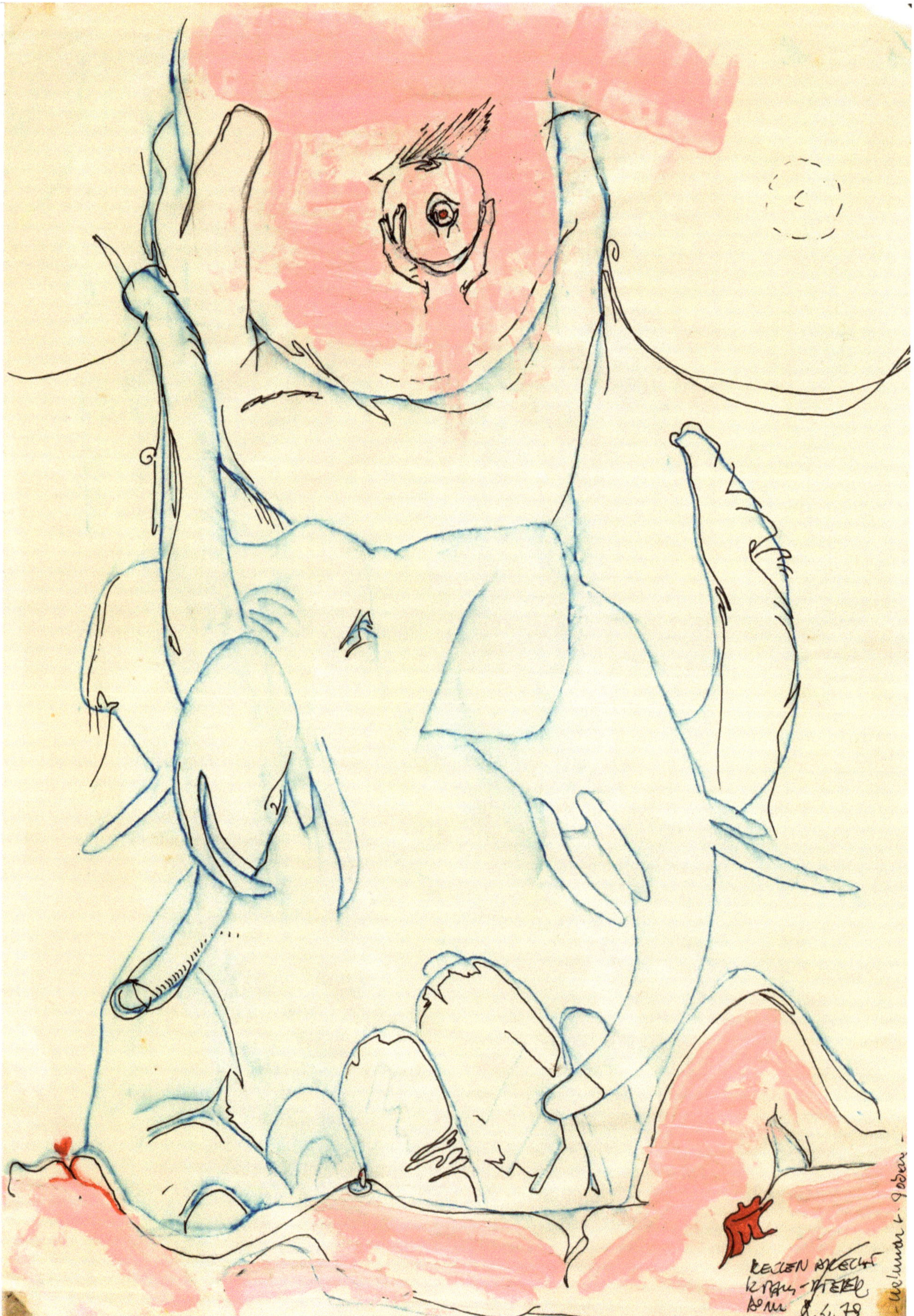

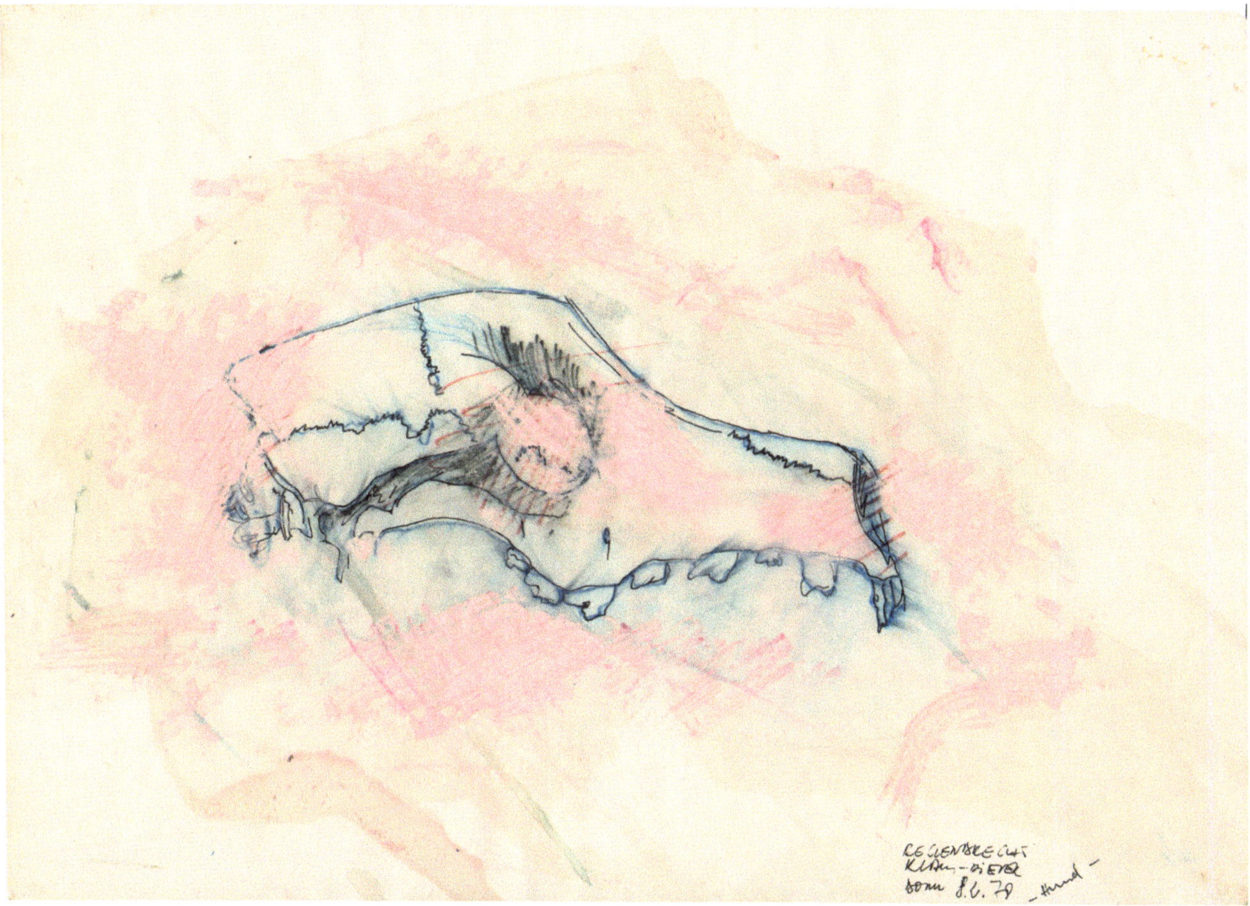

seiner Bildsprache, „Erotische Studien“ e. g., allerdings sehr viel rabiater ist.

Zwei Bilder aus dem Jahr 1979, „Hund“ und „Geben und Nehmen“, verwenden zum einen Tusche, zum anderen Nagellack und Firnis. Zu den Formaten: Die überwiegende Mehrzahl der Bilder ist auf DIN A5 und DIN A4 Blättern, auf DIN A3 Zeichenpapier und gelegentlich auf größeren Formaten, häufig auf der Rückseite von Postern oder auch Tapeten. Beispielsweise auf Seite 19. Abweichende Formate werde ich bezeichnen.

1979 fiel der Entschluss, nach Kanada zur Tabakernte zu gehen und danach mit dem verdienten Geld womöglich in New York City eine Zeitlang zu leben; ein Onkel, das wusste ich, lebte dort. Das Programm des Internationalen Arbeitsamts unter dem Motto „Jobs für harte Männer“ richtete sich an Studenten und läuft heute unter dem Motto „work & travel.“

Im Sommer 1980 flogen rund einhundert deutsche Studenten von Brüssel nach New York und von da ging es per Bus ins Tabakanbaugebiet in Süd-Ontario.

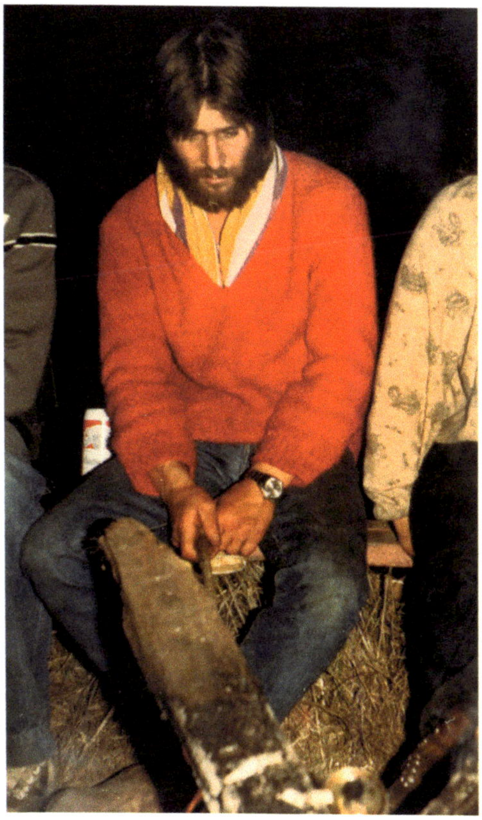

1980-1999

Bilder kommen aus einem individuellen Leben und Erleben. Sie können kompensieren oder kommentieren, sie können exculpieren oder escapistisch sein, sie können selbst-analytisch, akklamatorisch oder inquisitorisch sein: All das sind Möglichkeiten, was in einem ist, nach außen zu gestalten. Ich wollte nie besser sein als andere, nicht einmal anders, ich wollte immer nur den unbändigen Kräften in mir Ausdruck verleihen und Gestalt geben, ob in Texten, Bildern, Text-Bild-Kombinationen oder Aktionen. Dass dabei so unterschiedliche Ergebnisse herauskamen, konnte ich anderen nur schwer erklären und war für mich selbst verwirrend. Viele Projekte, die mir vorschwebten, konnte ich nicht realisieren, weil mir das Handwerkszeug dazu fehlte.

Seine Grenzen zu erkennen, kann ein erster Schritt sein, mit seinem weit auseinander strebenden Talent verantwortlich umzugehen. 1979 war in Bonn die Bundesgartenschau und ich besuchte eine Bonsai-Ausstellung. Seitdem kultiviere ich Bonsais aus einheimischen Sämlingen oder jungen Pflanzen aus Flur und Wald. Ob das Kunst oder nicht Kunst ist, es ist eine Form der Gestaltung, die unendlich viel Geduld erfordert. Es hat sehr lange gedauert, bis ich meine weit auseinander strebenden Talente organisieren konnte, ohne sie ihrer Eigenarten zu berauben, ohne sie zu zähmen. Anfang der 1980er Jahre war es so weit. Angeregt durch mein Studium und die Nordamerika-Erfahrungen unternahm ich mit „In the Country“ einen ersten Versuch, Texte und Bilder in einem Guss und in einem Gesamtkunstwerk zu vereinen.

Auf Seite 25 ist ein Selbstporträt von 1980 („Good luck boy“ mit aufgeklebtem Glückspfennig; an der oberen Bildkante ein Bonsai, überkopf) jund zwar vor dem Aufenthalt in Nordamerika, der einigermaßen überraschend zu Ende ging. In ernsten, schwierigen Situationen, von denen ich drei sehr garvierende erlebt habe, musste ich nie Überlegungen anstellen, was wohl die richtige Entscheidung sein könnte, ich wusste ohne weitere Überlegung, was ich zu tun hatte. In diesem Fall flog ich nach Deutschland zurück. Meine Mutter hatte Krebs.

Hatte Tante Ida mich als Unikum bezeichnet, so ist mir meine Mutter unter anderem mit der Behauptung in Erinnerung geblieben: „Der Klaus kann alles.“ Gemeint war, ich sei durchaus lebenstüchtig in all den Lebensbereichen, die meine Eltern nicht kannten, zum Beispiel die Universität. Was meine Mutter nicht davon abhielt, mir in ihren letzten Tagen noch beizubringen, wie man richtig bügelt.

So wie sich im Laufe ihres letzten Lebensjahres ihr Bewegungsradius reduzierte, sie starb 1981 mit fünfundfünfzig Jahren, reduzierte sich auch meiner. Ich war in Koblenz, ich war in meinem alten Zimmer, ich war da. An Studium war nicht zu denken.

Zeit für eine Wende, Zeit, Entscheidungen zu treffen. Ich war seit meiner Rückkehr aus den USA nur selten in Bonn gewesen und fasste den Schluss, nach Koblenz zurückzukehren. Familiengründung stand an, 1983 wurde ich zum ersten und 1987 zum zweiten Male Vater. Ich war Halbtagshausmann und versuchte mich als Schriftsteller zu etablieren. Das war jetzt mein Berufsziel, Examen wollte ich keins mehr machen, obwohl ich mein Pädagogikum, Teil des Ersten Staatsexamens, bestanden und sämtliche Scheine in Sport und Englisch erworben hatte, um mich zur Staatsprüfung anzumelden. Ich machte zwar kein Examen, hatte aber dennoch mein Studium inhaltlich abgeschlossen.

1977 hatte ich zum ersten Male einen Verlag kontaktiert, meine Gedichte angeboten. Mir war aber auch klar, dass eine kleine Gedichtsammlung nicht das war, was auch nur annähernd meinem kreativem Schaffen gerecht werden konnte. Also versuchte ich weiter, mir einen Überblick in meinem kreativen Sammelsurium zu verschaffen: „In the Country.“ Frei nach Arno Schmidt: „In the cunt tree - Im Mösenbaum.“ Im Untertitel „Ein poetisches Protokoll in neun Poemen.“

Die Protagonisten sind zwei Studenten, Aloys und Olga, und ein Professor. Aloys geht in der Sommerhitze zu einer Vorlesung, wo die in seinem Kopf eingebrannte Marlboro-Werbung mit den Cowboys „Come to where the flavor is“ zu einer Metamorphose führt: Aloys und Olga werden zu Pferden, der Professor zum Cowboy und der Hörsaal zur weiten Prärie Nordamerikas. In das Protokoll, ein freies Langversgedicht, sind lose Gedichte eingestreut und viele Illustrationen, Zeichnungen, Collagen, Text-Bild-Kombinationen.

Das Ganze war knapp 300 Seiten stark, und ich hätte fast einen Verlag gefunden, aber es hat dann doch nicht geklappt, und verschiedene Teile des Manuskripts sind später in verschiedenen Büchern veröffentlicht worden.

Weiter auf S. 27

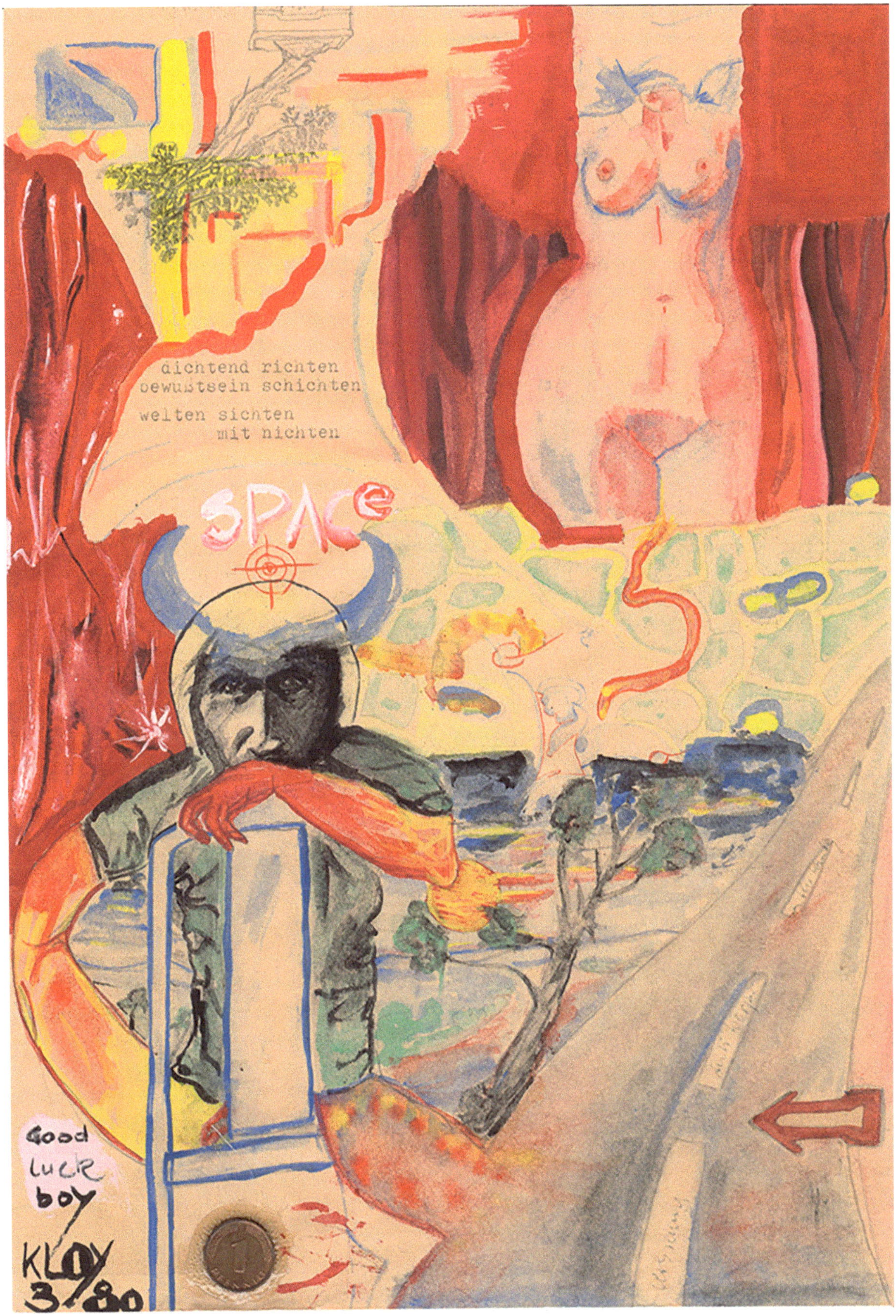
dichtend richten
bewußtsein schichten
welten sichten
mit nichten
SPACE
Good luck boy
KLOY 3/80

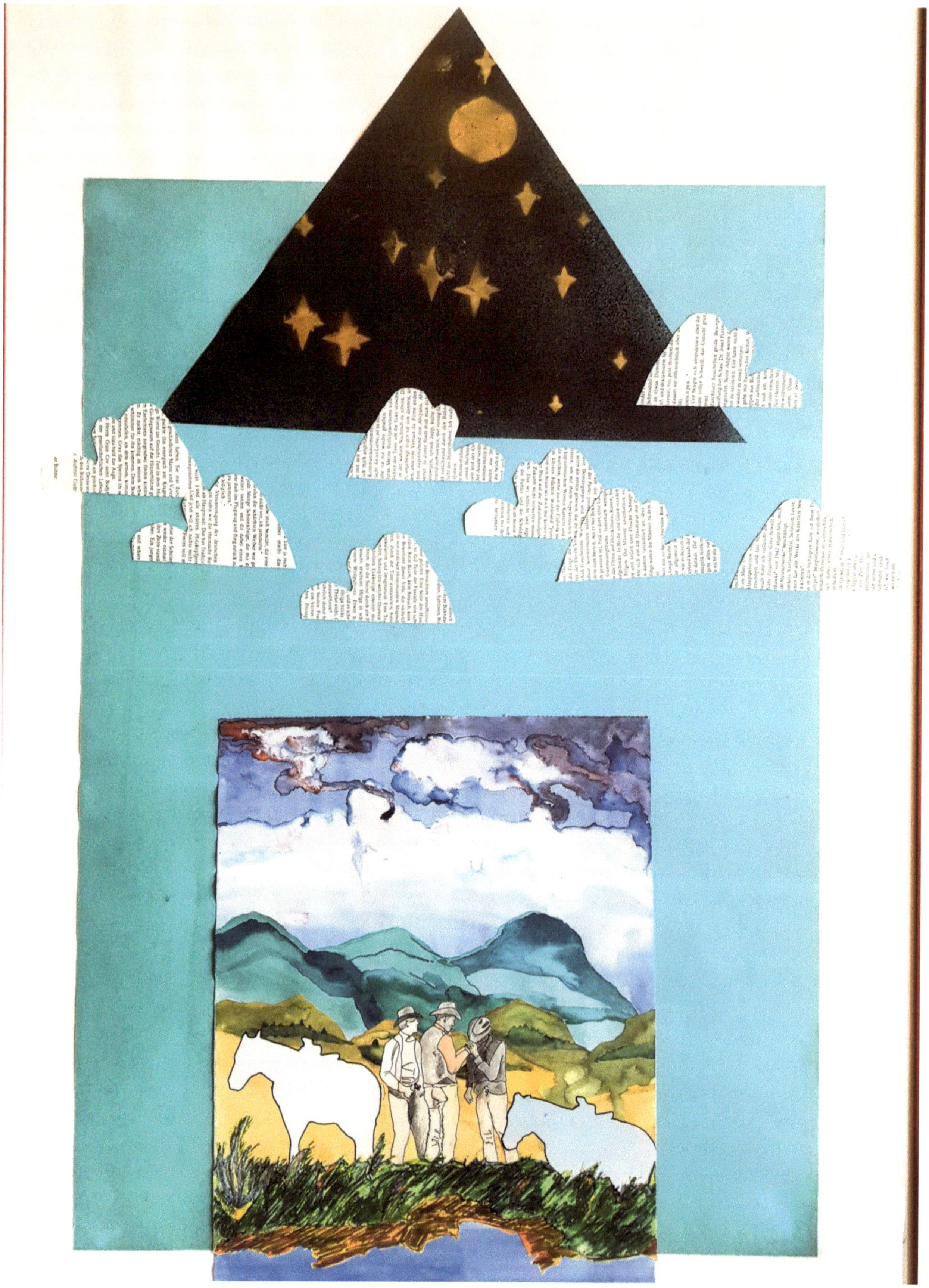

Die Abbildung auf Seite 27 ist die Kombination eines Gedichts „Per Aspera ad Astra“ mit dem bunten Bild unten, das auf dickem Aquarellpapier mit Aquarellfarbe und Tusche erstellt wurde. Das Gedicht wurde mit Schreibmaschine und Letraset-Buchstaben realisiert, die ich häufig verwendet habe, bevor ich einen Computer hatte. Kopierer habe ich, seit sie an Universitäten überall herumstanden, auch für künstlerische Zwecke eingesetzt.

Auf Seite 26 sieht man unten ein Bild (DIN A3) mit dem Motiv der Werbung: Cowboys und Pferde, weiter Wilder Westen. Dieses kleine Bild, die Landschaft, ist zum einen mit Wasserfarbe gemalt, die Cowboys und Pferde sind auf Aquarellkarton gemalt, ausgeschnitten und aufgeklebt, der Grüngürtel unten ist auch aufgeklebt, aber mit Filzstiften gemalt. Dazu habe ich Wolken ausgeschnitten aus Druckbögen eines meiner Bücher und ein Dreieck aus schwarzem Karton mit goldenem Mond und Sternen aus Sprühfarbe (mit Schablone).

„Die Anziehungskraft zweier Massen“, das Newtonsche Gravitationsgesetz, auf Seite 28 zeigt Aloys und Olga. Schwarze Tusche mit Wasserfarben, damals gab es sog. Holländer Wasserfarben, das waren flüssige Farben in vielen fertigen Abmischungen, die ich eine Zeitlang sehr gerne verwendet habe. Das Pferdemotiv erkennt man auch auf dem Bild auf Seite 29, links oben. Ähnliche Technik, allerdings plus regulärer Wasserfarbe und Deckweiß, auf Millimeterpapier. Auch das Bild „Jump!“ auf Seite 30 oben ist noch aus dem Jahr 1980; das Bild unten wurde ein Jahr später gemalt und visualiert den Spruch „a woman without a man is like fish without a bicycle.“

Frei nach meinem eigenen Motto: „Wenn ich scheitere, dann scheitere ich an etwas Großem,“ ließ ich mich von meiner erfolglosen und zugegebenermaßen nur sporadisch und halbherzig erfolgten Verlagssuche nicht entmutigen, sondern nahm mir im Gegenteil ein noch größeres Projekt vor: „Tabu Litu“, das in den nächsten Jahren Kontur gewann.

In einem wirklich ganz großen Wurf wollte ich alles, was ich bis dahin geschaffen hatte und einige vorerst nur projektierte Sachen in neun Büchern veröffentlichen in einem Zeitraum von mehreren Jahren: „Tabu Litu - ein documentum fragmentum in neun Büchern.“ Und es war klar, dass ich dafür erst recht keinen Verlag finden würde. Also gründete ich 1985 meinen eigenen Verlag, der den Namen des Projektes trug: Tabu Litu Verlag, weil ich weiter erst einmal nicht denken konnte und wollte.

1983 war ein wichtiges Jahr gewesen, weil ich in der neu gegründeten Autoren-

Weiter auf S. 31

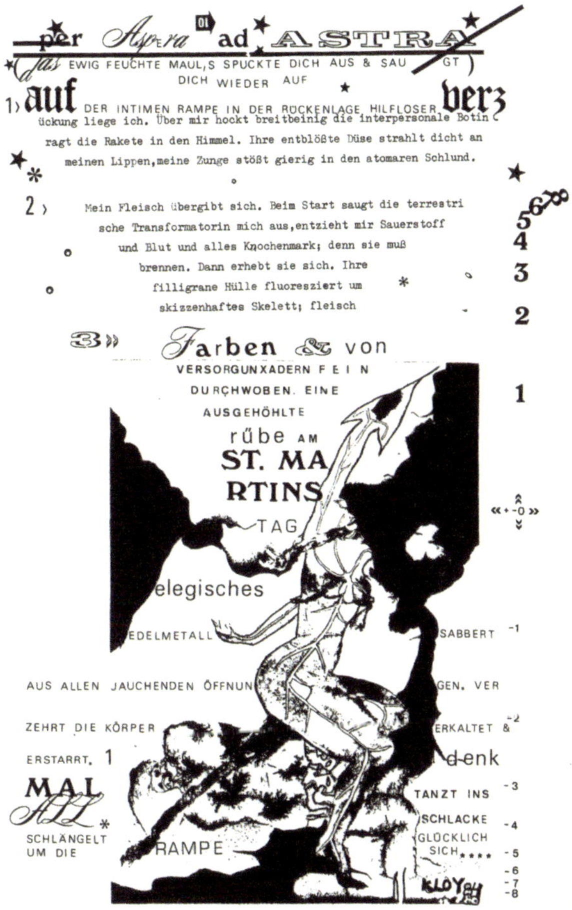

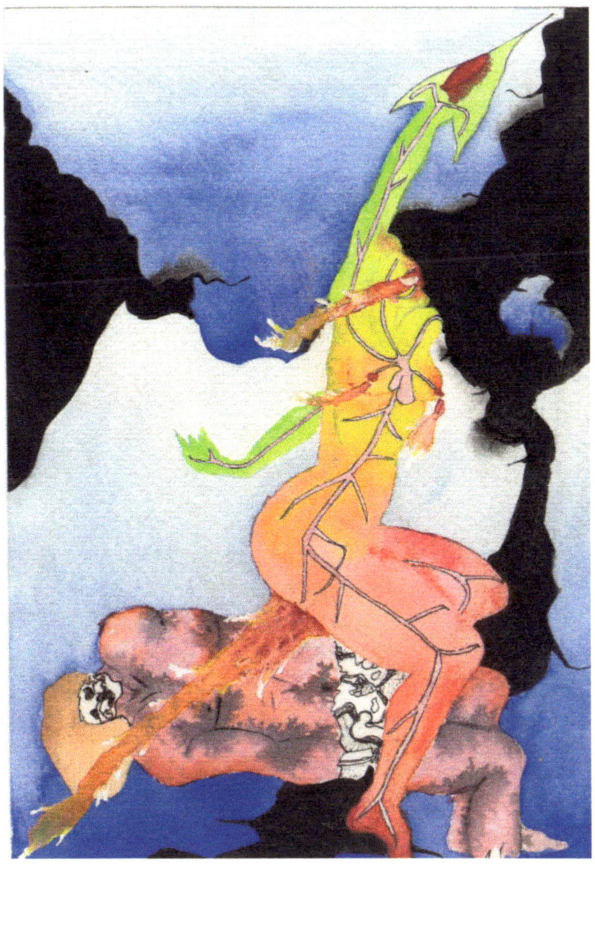

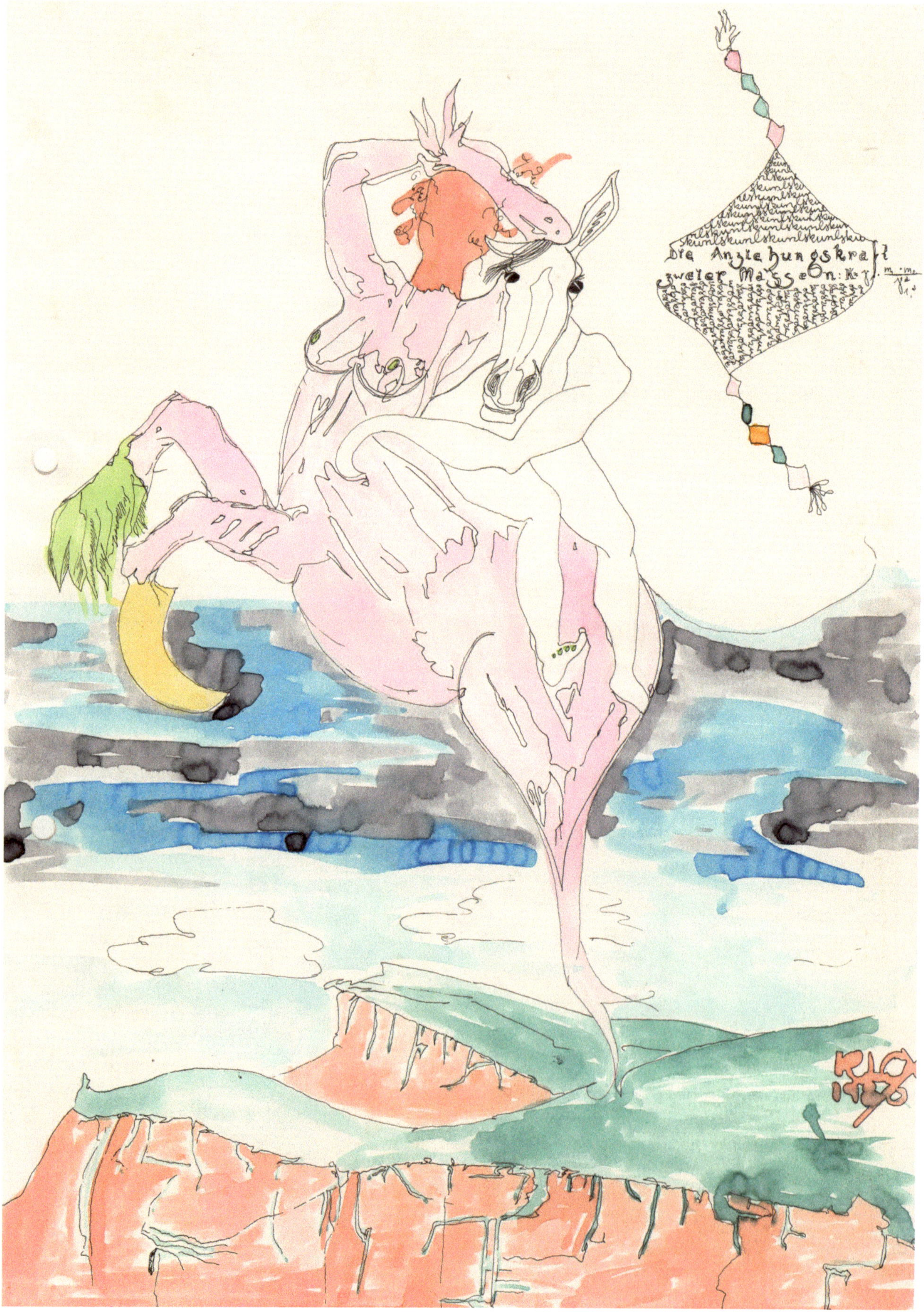
Die Anziehungskraft
zweier Massen: K=γ·$\frac{m_1 \cdot m_2}{r^2}$

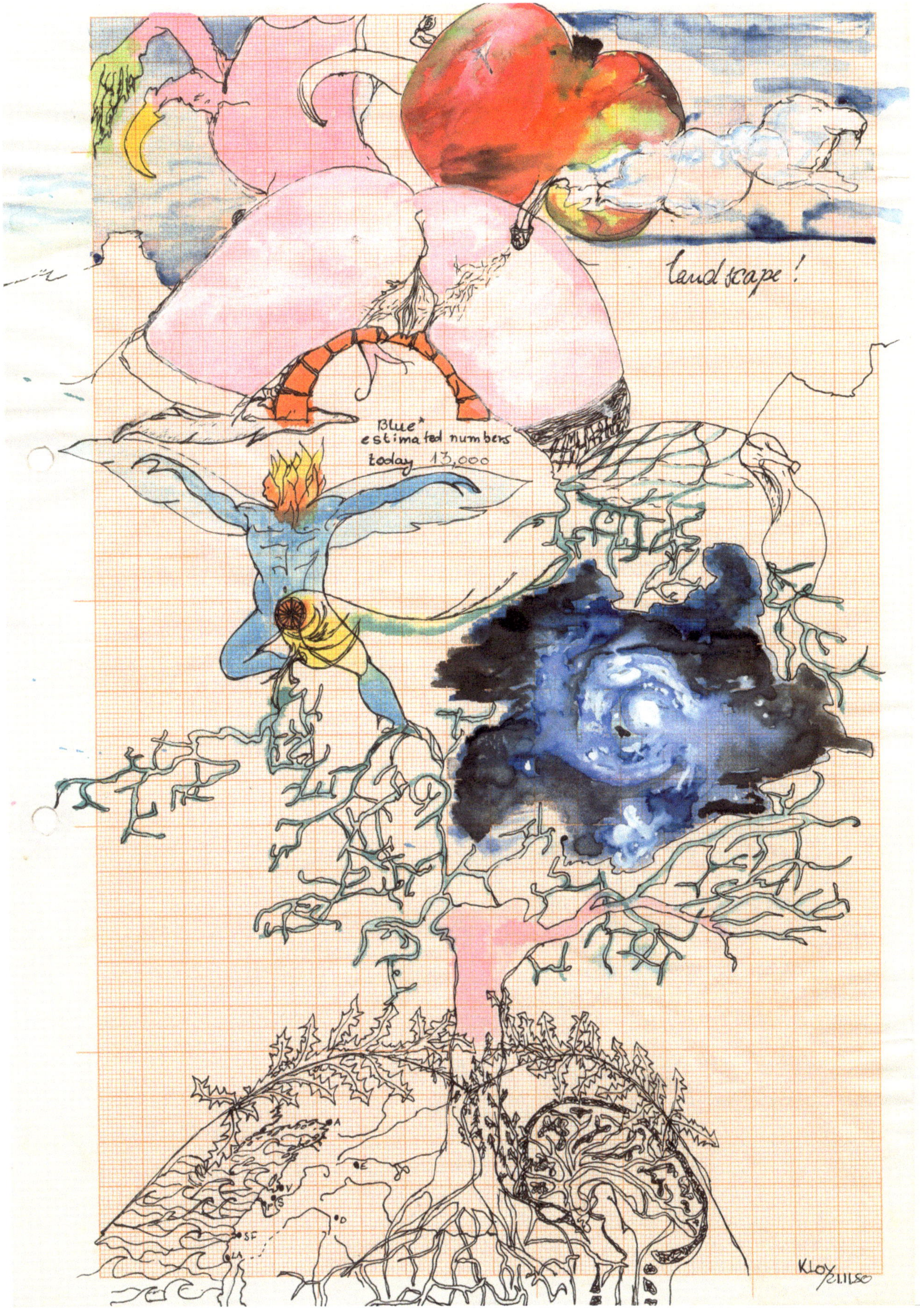
landscape!
Blue*
estimated numbers
today 13,000
KLOY 21.11.80

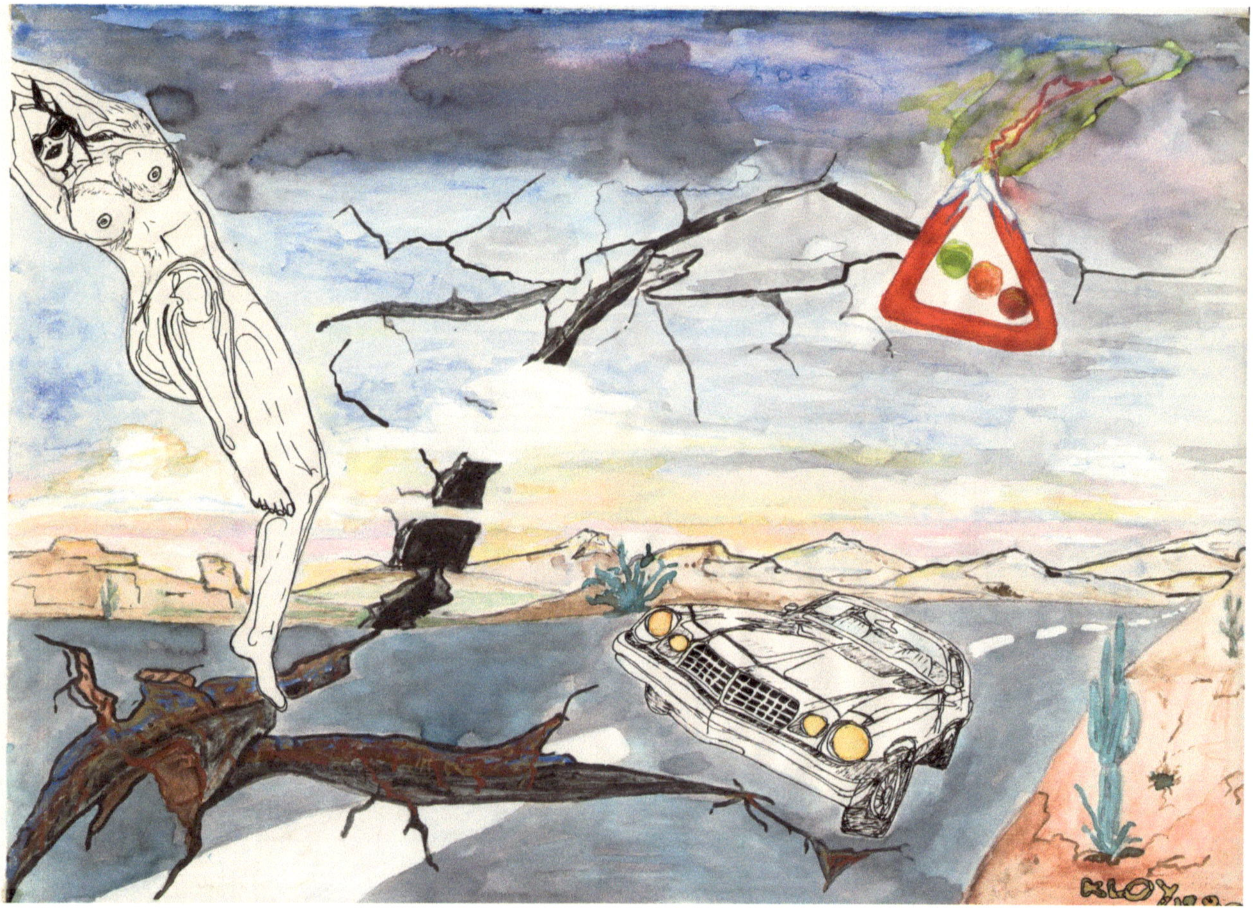
KLOY

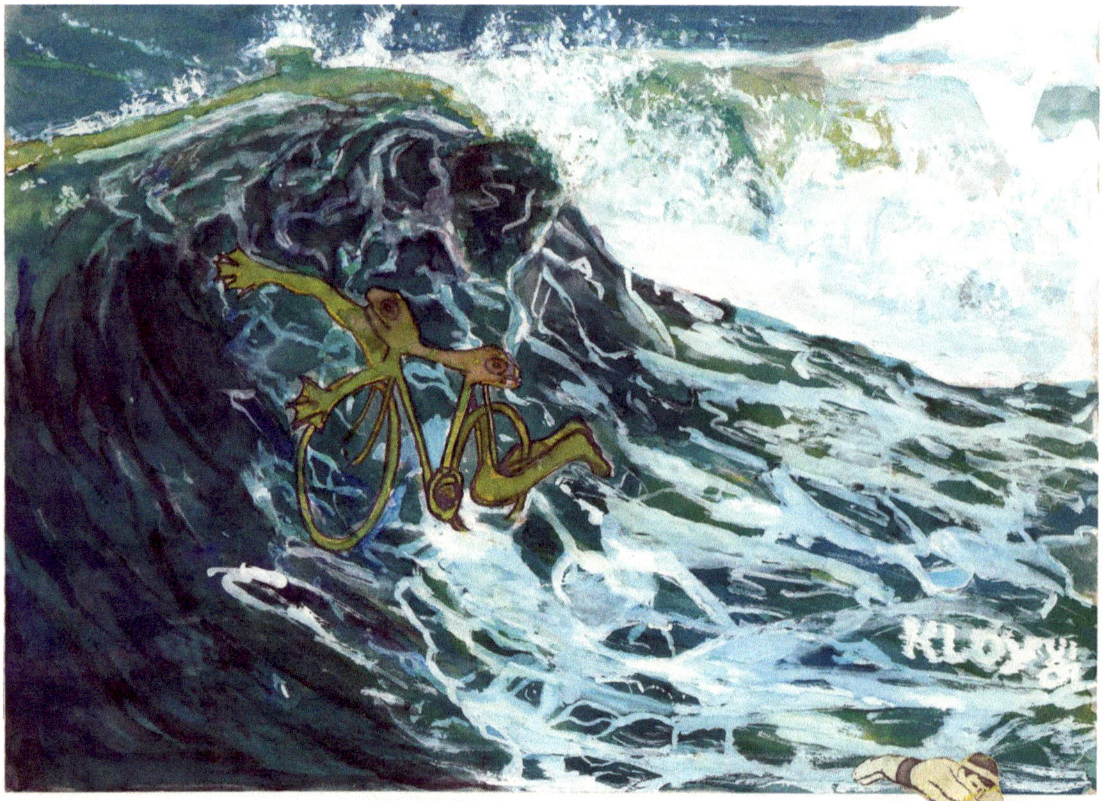
KLOY

DER LITERATURBETRIEB REPRODUZIERT NUR NOCH SICH SELBST. WONACH ER LAUTHALS VERLANGT, VERHINDERT ER BLINDLINGS: DIE NEUE LITERATUR! DIE KONSEQUENZ HAT EINEN NAMEN UND EIN KONZEPT:

TABU LITU

Ein documentum fragmentum in 9 Büchern

Das große Romanexperiment zum Ausklang des 20. Jahrhunderts

Tabu-Litu-Verlag
Klaus-Dieter Regenbrecht
Silberstraße 50
5400 Koblenz

gruppe in Koblenz nicht nur meine ersten Lesungen machen konnte, sondern für die Gruppen-Zeitung auch die Redaktion übernahm und so mit der schwarzen Kunst in Berührung kam und meinen Drucker kennenlernte, der alle meine Bücher bis 1999 druckte.

Seite 32 bis 34 eine letzte Serie weiblicher Akte gezeichnet mit Tusche und Holländer-Wasserfarben nach Fotovorlagen, die gespiegelten männlichen mit Bleistift. Dazu frei nach Edgar Allan Poes „A Dream within a Dream“ das Gedicht „Ein Bild im Bilde.“

In den 1980er Jahren passierte sehr viel für mich. Nach Eintritt in die Autorengruppe folgte 1986 die Aufnahme in den Förderkreis Deutscher Schriftsteller in Rheinland-Pfalz e. V., in dem ich zunächst als Schriftführer und später als Erster Vorsitzender fungierte, und ebenso in den Verband Deutscher Schriftsteller, auch hier im Vorstand.

Ich erlebte in einer Reihe von Seminaren und Kongressen, auch Internationalen, sowohl den Übergang des VS aus der IG Druck und Papier in die IG Medien, die in ver.di aufging, als auch die Verschmelzung der Verbände nach der Wiedervereingung 1990. Ich lernte die Kultusbürokratie kennen, die Ungerechtigkeit, die die Kulturhoheit der Bundesländer mit sich bringt, wenn man in Rheinland-Pfalz seinen Lebensunterhalt als Künstler verdienen will, und ich lernte Veranstaltungsmanagement, als Organisator der Rheinland-Pfälzischen Literaturtage beispielsweise, an denen ich immer noch auf die eine oder andere Weise beteiligt bin. All das kann man zurecht Professionalisierung nennen, die immer mit einer gewissen Ernüchterung verbunden zu sein scheint.

Nicht zu vergessen: 1984 hatte ich meine erste und bisher einzige Kunstausstellung: „Schöne Grüße aus Koblenz.“ Ich gab nicht nur Lesungen, sondern ich

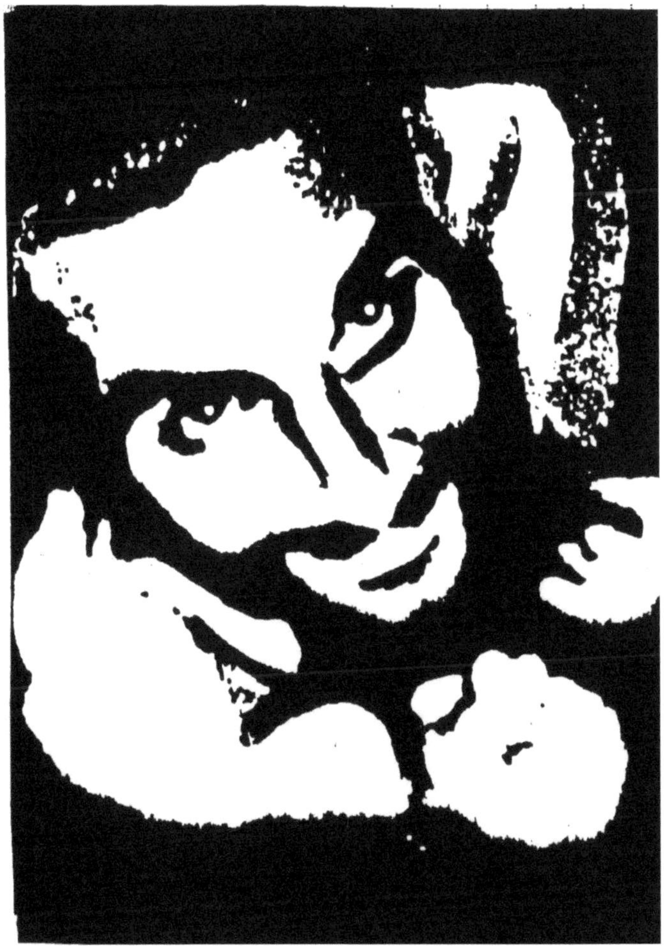

hielt auch Vorträge über so unterschiedliche Autoren wie Franz Kafka, James Joyce, Robinson Jeffers und Charles Bukowski. Oben ein Selbstporträt Mitte der 1980er: Foto mehrfach kopiert und so zu Schwarz oder Weiß aufgelöst.

Ich Nachhinein muss ich einräumen, dass es in Koblenz schwer für mich war, ein Publikum zu finden, was nicht heißen soll, dass es keines gebe. Das gilt bis

Weiter auf S. 40

Ein Bild im Bilde

-sehr frei nach E.A. Poe:
A Dream Within a Dream -

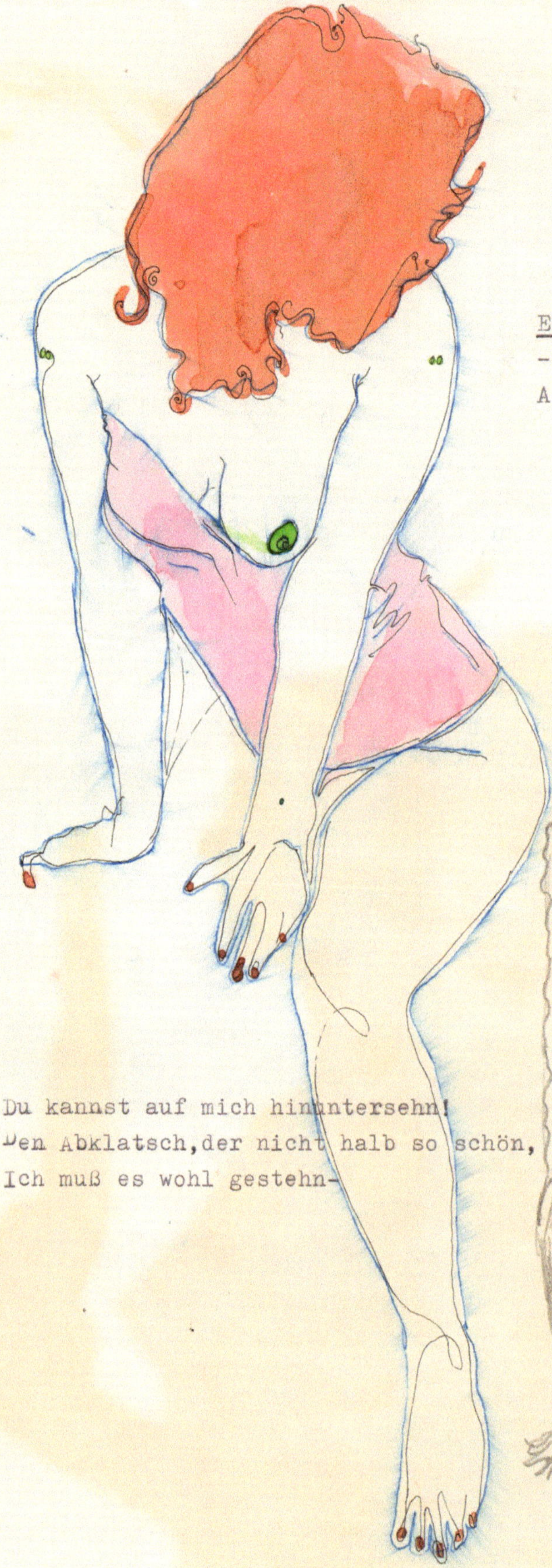

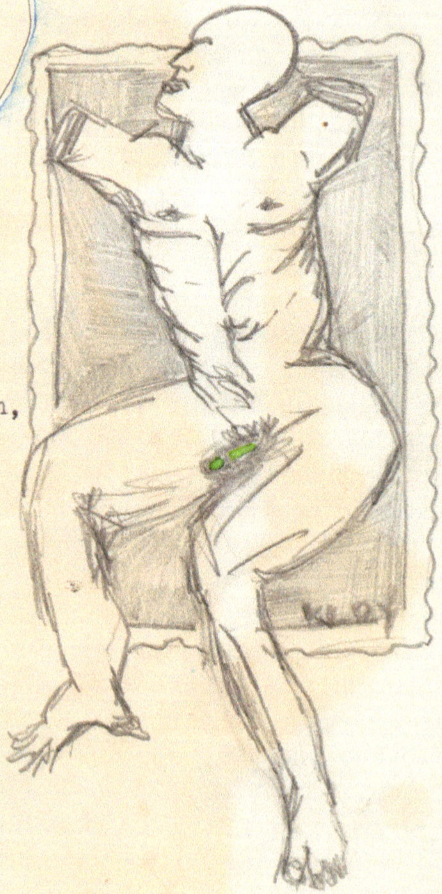

Du kannst auf mich hinuntersehn!
Den Abklatsch, der nicht halb so schön,
Ich muß es wohl gestehn-

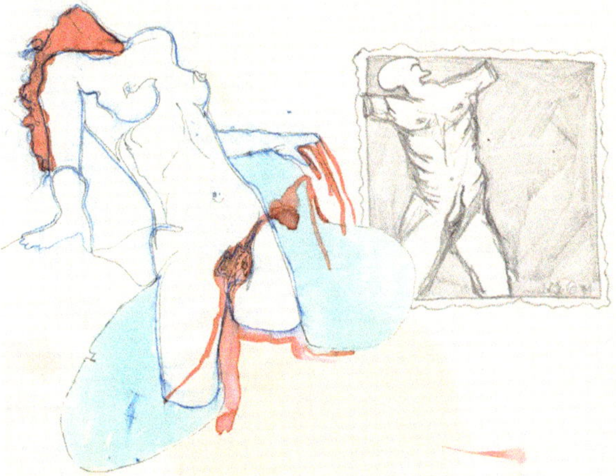

Du lachst so frei und mild,
Mein trubes Dasein ist ein Bild;

KLOY '82/12

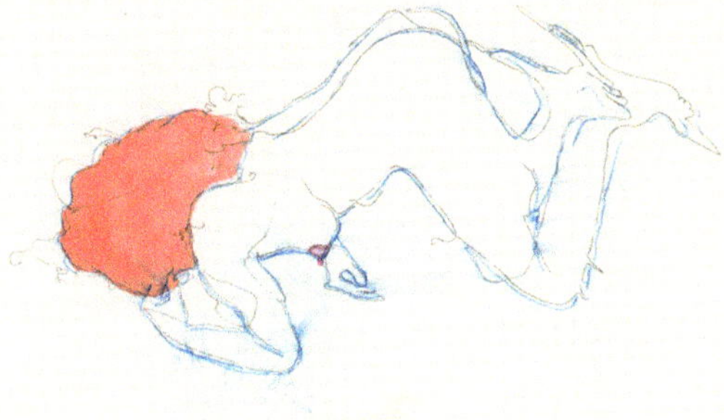

Wo man nur verzweifeln kann,
Seis als Weib und seis als Mann.
Ists der Verstand, hats einen Sinn,
Wo führt das alles hin?

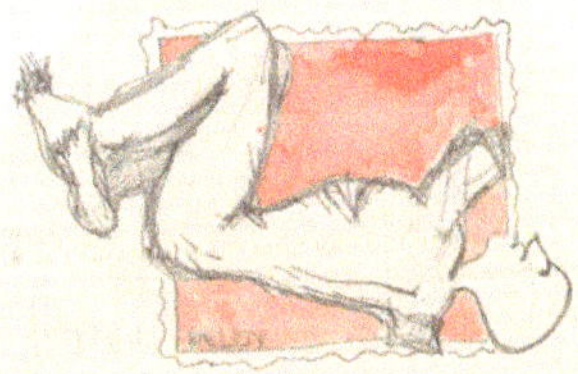

KLOY '82/13

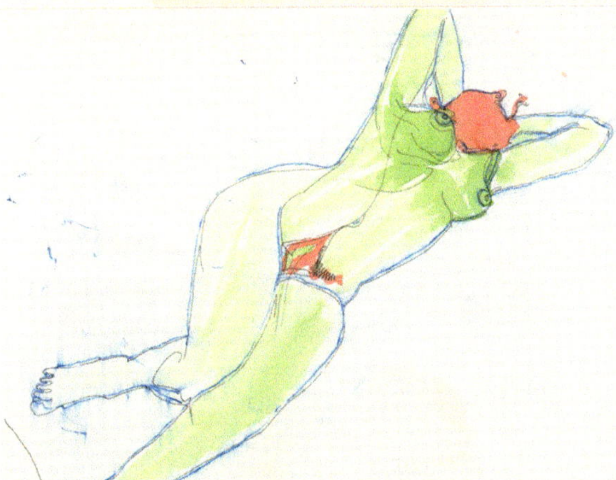

Was solls, das ist doch alles halb so wild
Bedenk, es ist hier nur ein Bild im Bild.

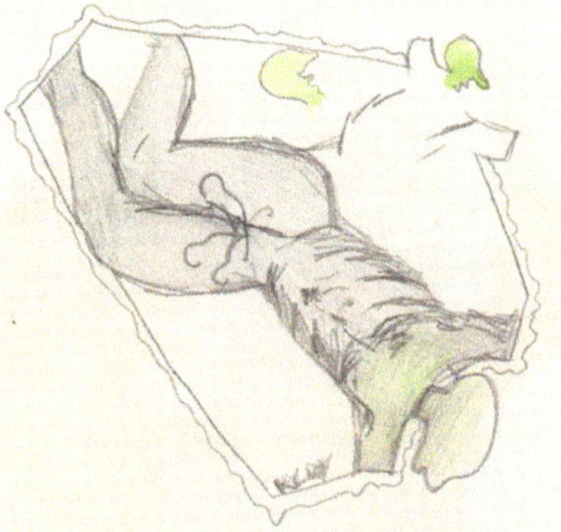

KLOY '82/14

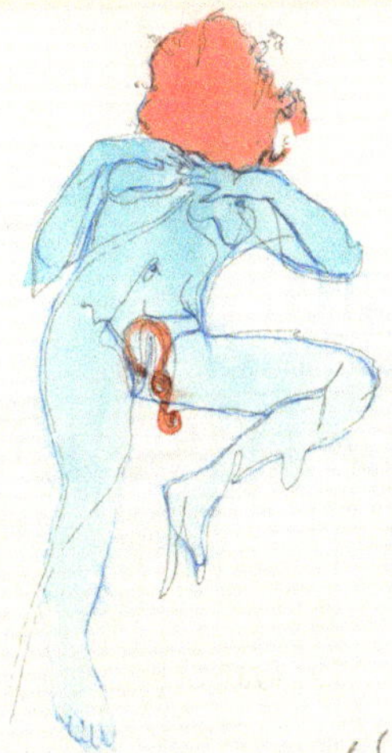

Freud und Leid sind hier geteilt,
Treibt im Wasserwelt da langgeweilt,
Und meine Hand greift voll ins Haar,
Oh, ihr Früchte, seid ihr wahr?-

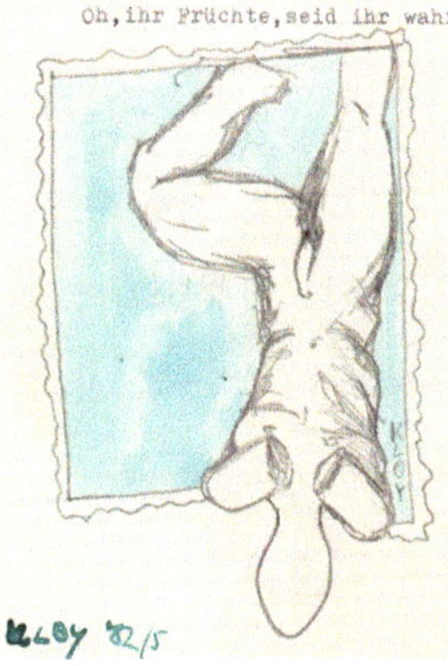

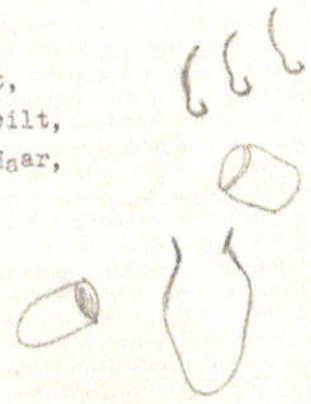

KLOY '82/15

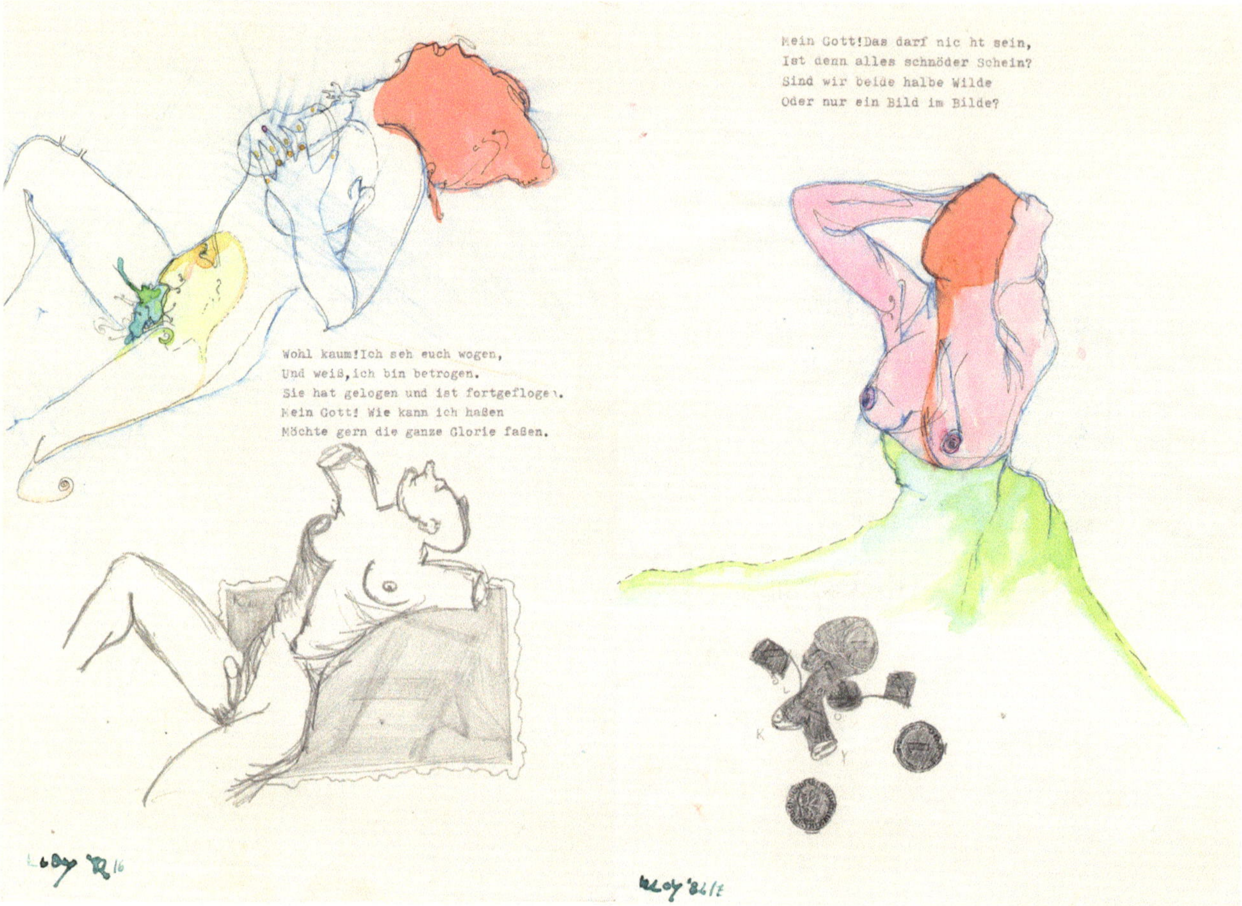

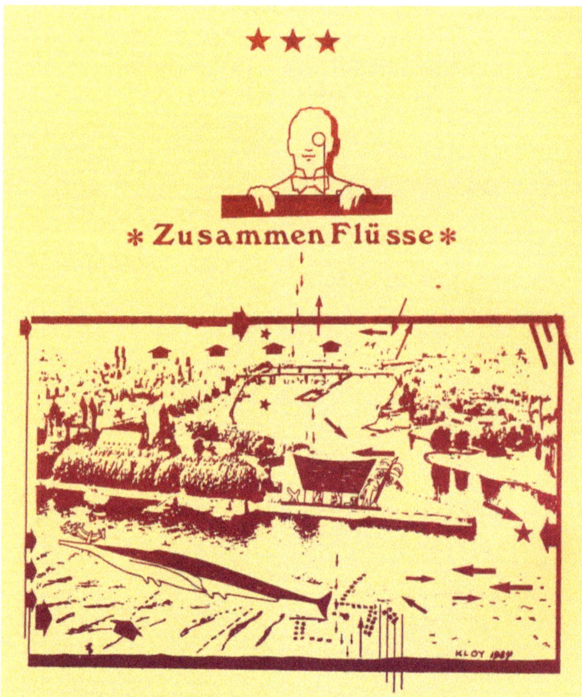

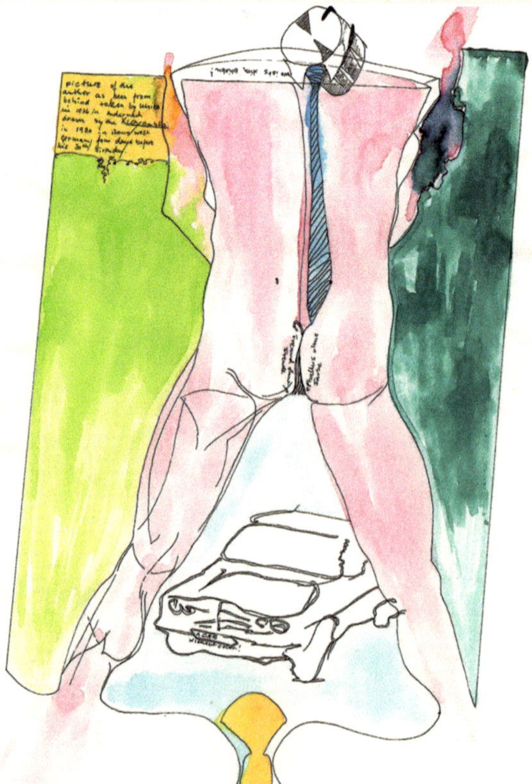

PICTURE OF THE AUTHOR
AS SEEN FROM BEHIND
IN 1980 BY KLOY

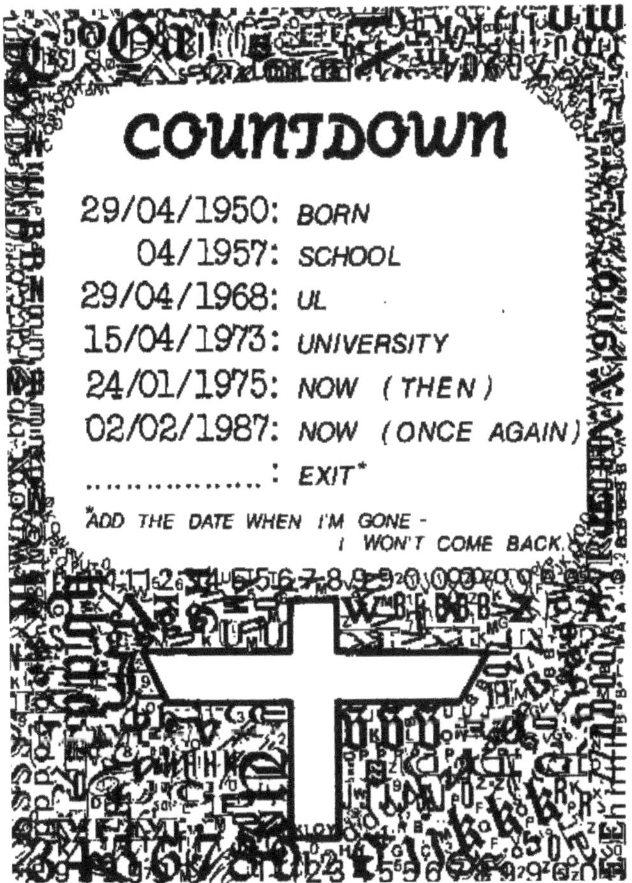

Dichter meets poet

Rezitationen und literarische Erläuterungen zum Leben und Werk von

Charles Bukowski

mit Klaus-Dieter Regenbrecht

12. Juli 1995, 19.30 Uhr
Pizzeria Adria'No, Koblenz
RZ-Passage
Eintritt: 5,- DM

Eine Veranstaltung der Autorengruppe Koblenz

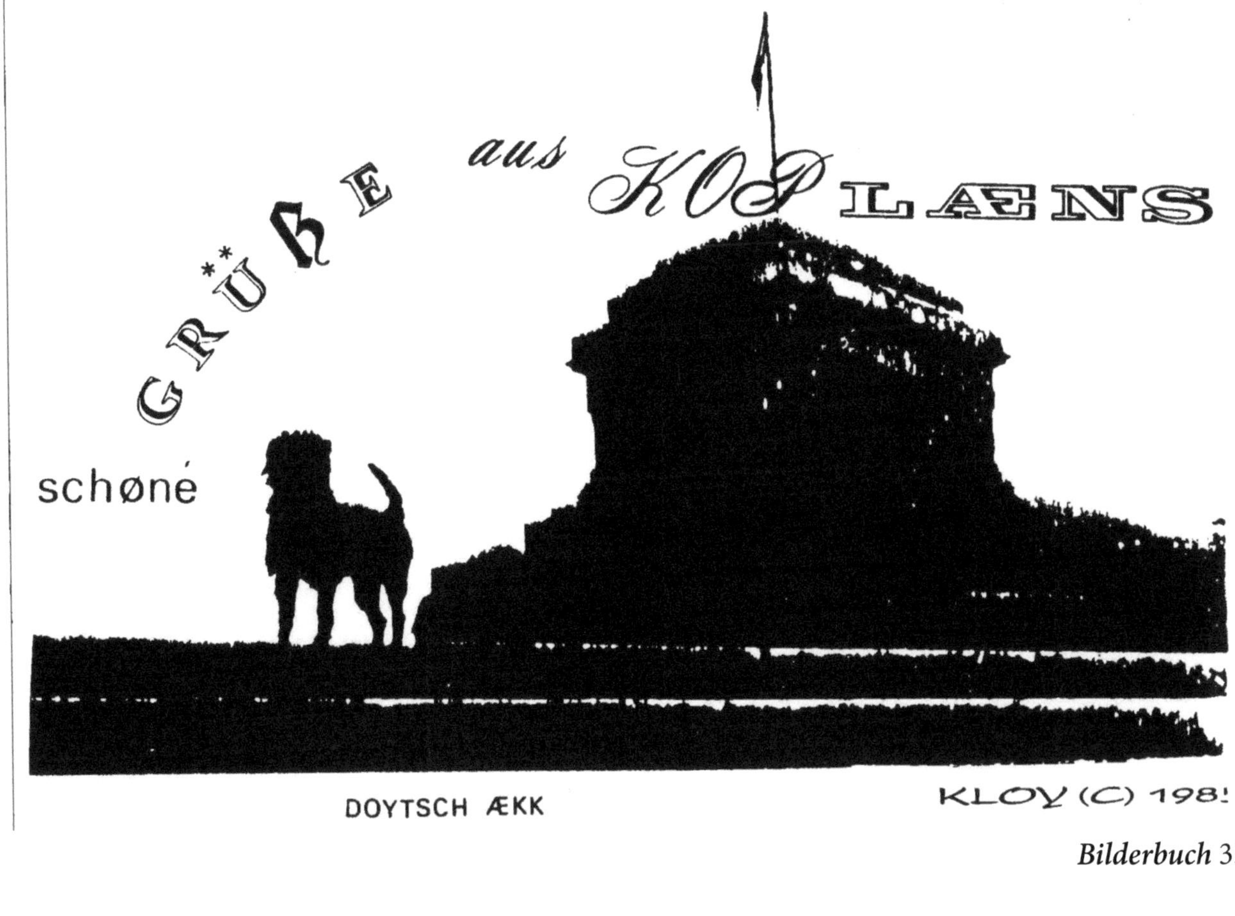

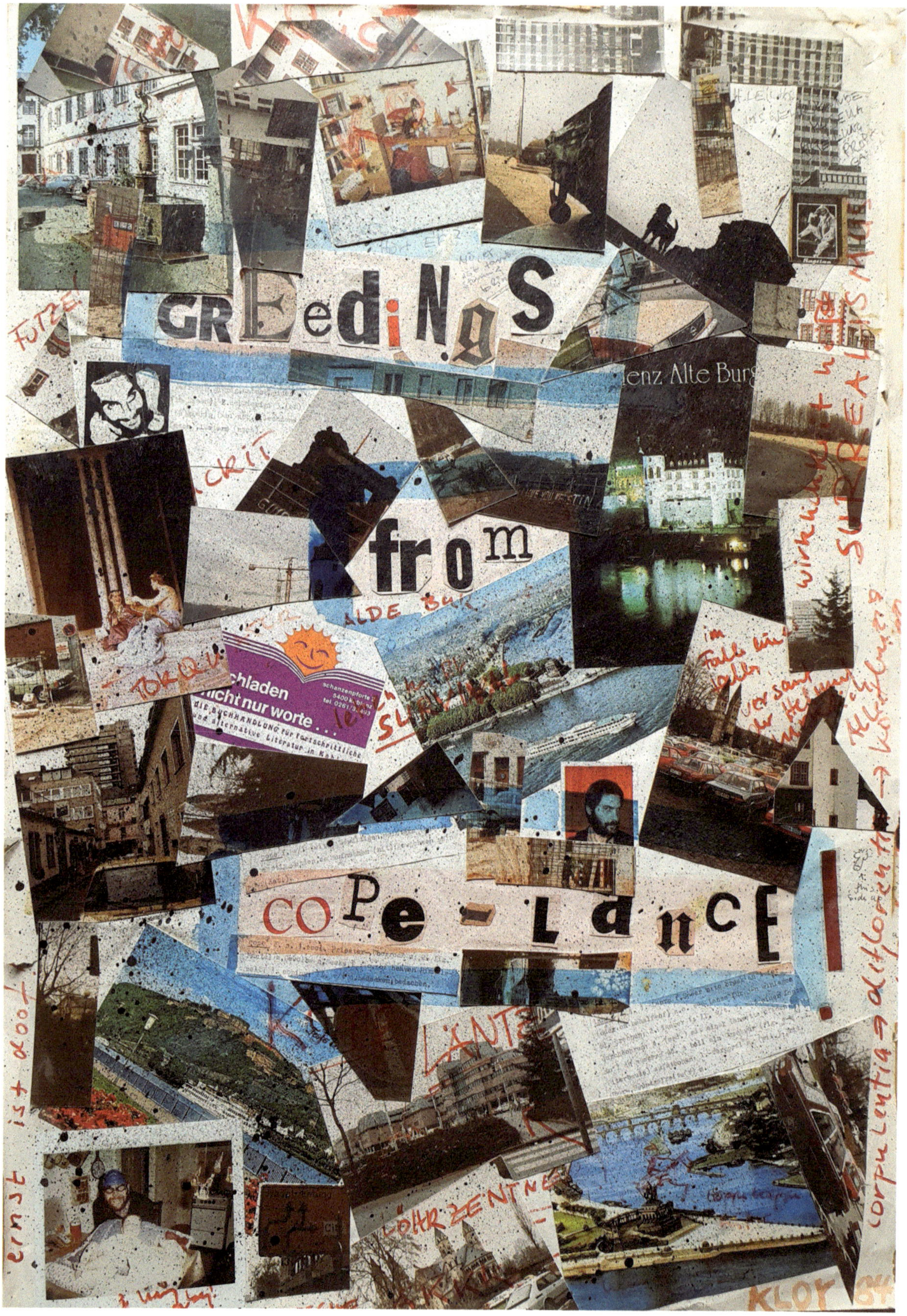
GREediNgS
from
COPe-LancE!
enz Alte Burg
chladen
nicht nur worte...
KLOY 84

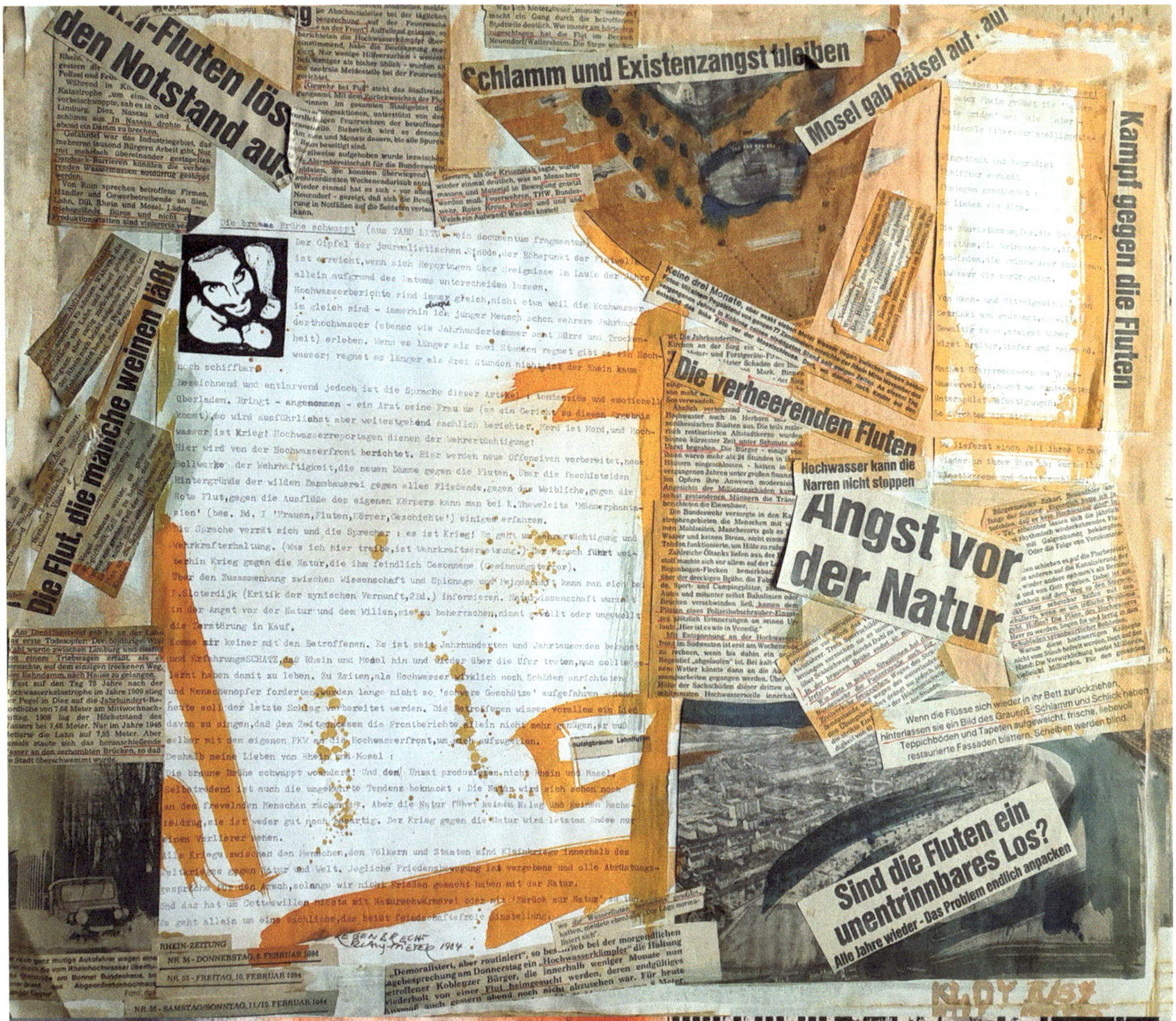
den Notstand auf
Schlamm und Existenzangst bleiben
Mosel gab Rätsel auf
Kampf gegen die Fluten
Die Flut, die manche weinen läßt
Die verheerenden Fluten
Hochwasser kann die Narren nicht stoppen
Angst vor der Natur
Wenn die Flüsse sich wieder in ihr Bett zurückziehen, hinterlassen sie ein Bild des Grauens: Schlamm und Schlick haben Teppichböden und Tapeten aufgeweicht, frische, liebevoll restaurierte Fassaden blistern. Scheiben werden blind
Sind die Fluten ein unentrinnbares Los?
Alle Jahre wieder - Das Problem endlich anpacken
RHEIN-ZEITUNG

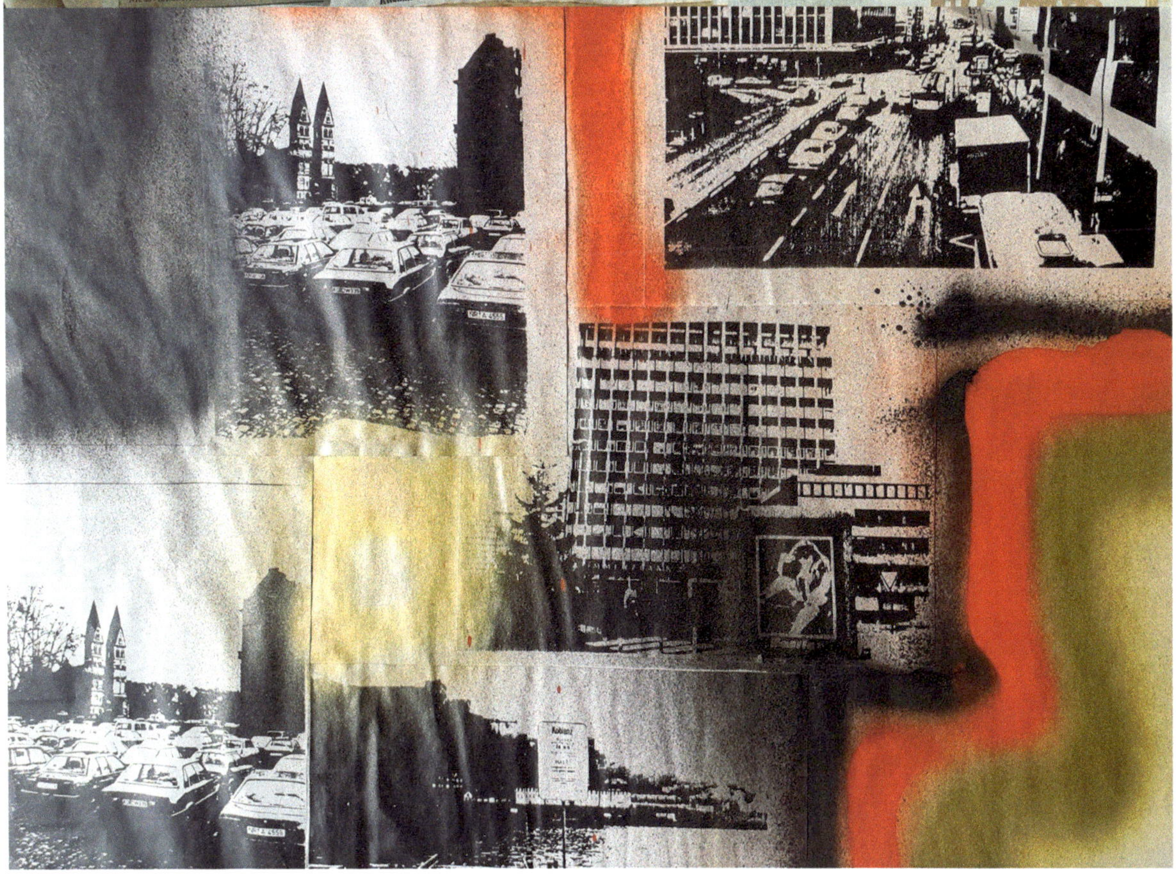

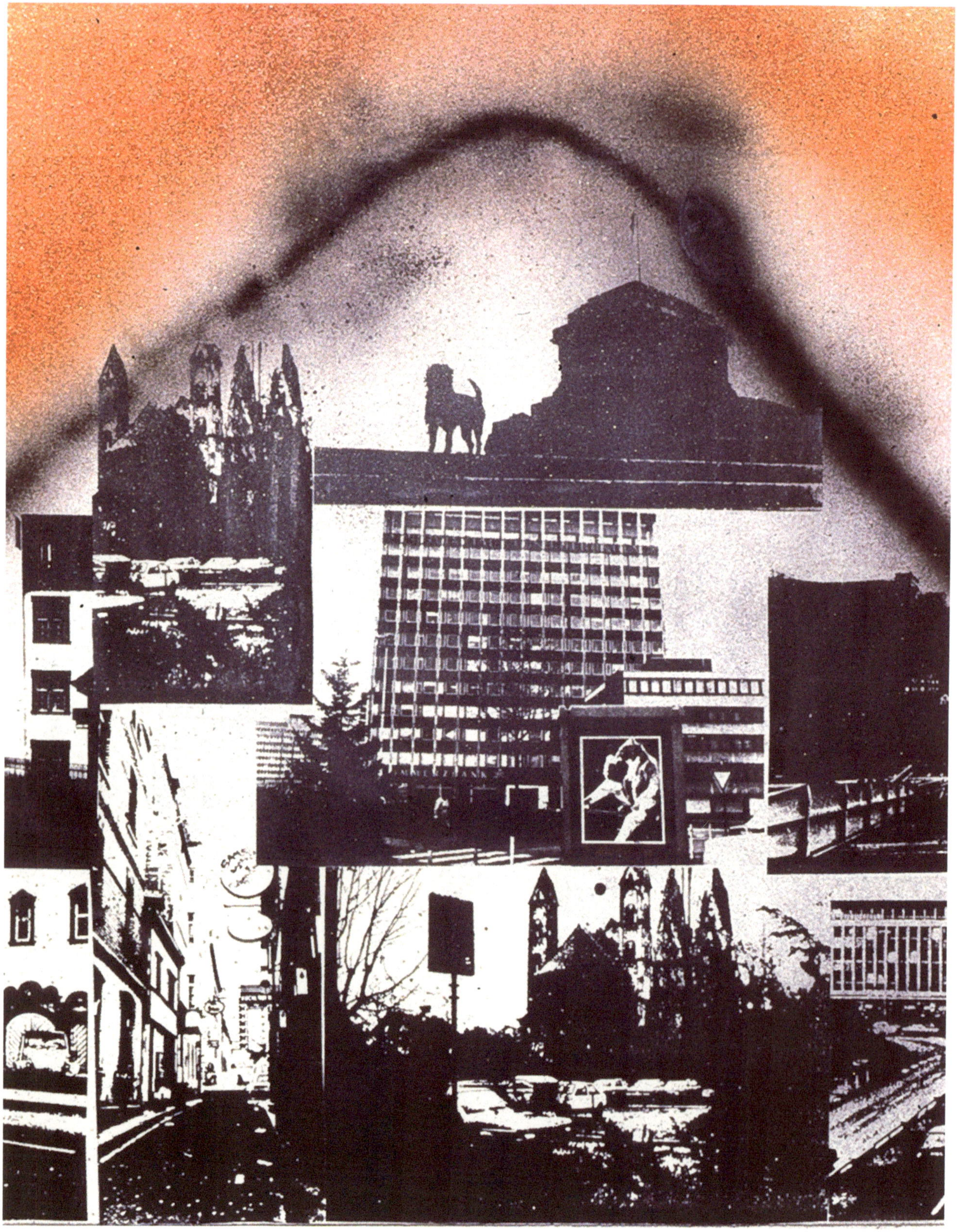

Steckbrief

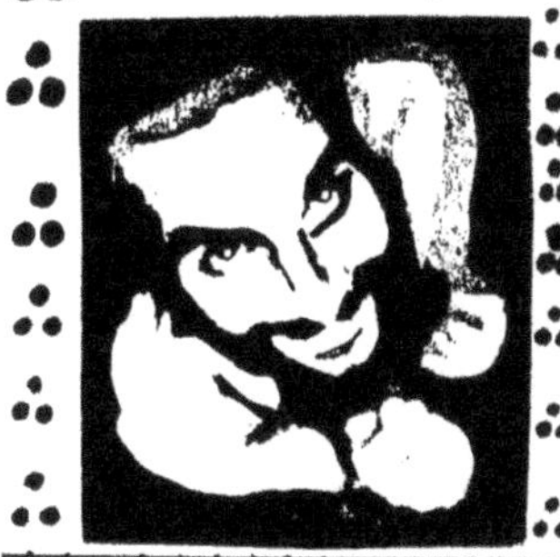

Geschäftliche Mitteilungen

1. FBI-Officilia:

DIE FREIE BUNTE INTELLIGENZ STELLT FÆST:
(In hunderttausenden von Exemplaren)

DIE NOYE DOYTSCHE LITERATUR

ist Kein Geheimnis!

Pulver
Hygien. Bedarfs-Artikel
unentbehrlich für Militärs

Hart zerstochen
EIN SEXVELLES PROBLEM!

absolut G E ïï L !

Was muss ein junges Mädchen vor und von der Ehe wissen?
Was muss eine junge Frau in der Ehe wissen?

&

VERWÆXLT IMPOTENZ MIT ZÆRTLICHKEIT

Bettnässen : Mittel gegen Aufklärung?

H. KOHL IST DIE K. ALLERT-WYBRANIETZ DER POLITIK

K.A.-W. IST DER KOHL DER LITERATUR

1970 - 375

LITERATUR IST DIE POLITIK DER ...?

6 mm 16
(48pt) 0.472 inch 12 mm
(24pt) 0.236 inch 6 mm
(10pt) 0.098 inch 2.5 mm

ANDERS BEI DER FBI: ERBARMUNGSLOS EXPLOITIERT SIE

KLOY © GMBFAK

GESELLSCHAFT MIT BESONDERER FABULIER KUNST

IN DER

ÖKO GEWERKSCHAFT SANFTER DRUCK & UMWELTPAPP-BIER (♻)

SO STELLT (MAN & FRAU) SICH 1

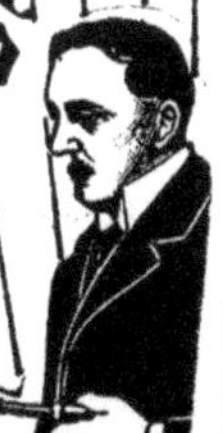

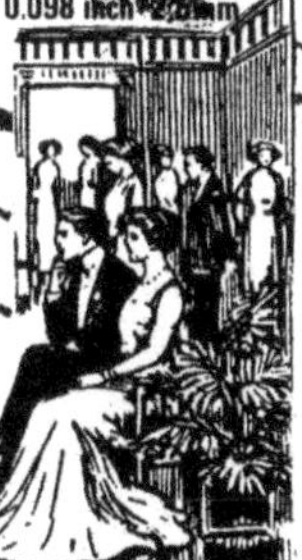

Die Liebe, lautreine Rechtschreibung

Vollkommenstes Modell der Nervenschwäche

Genie VOR

FÜR 1 GEMÆßIGTE GROSSCHREIBUNG 24

4 mm

GEDICHTEHØRSPIELSFSTORYESSAYCOLLAGEVIDEOFUCKDRAMAEXHIBITIONLESUNG
(NUR GG HONOrar)

brd contact:

KLAUS-DIETER REGENBRECHT
Silberstr. 50
5400 KOBLENZ
tel.: 0261/6 27 47

SIGNATURE

DATE:

NR:

Gratis!

203

11 Aufhebung der Beschlagnahme

Doytschland IN∴
ERWARTUNG DES GRÖSSTEN
PRO SAWERkess
DES GRöH.... AUSKLINGENDEN
XXsten JAHRHUNDERTs
VON *GOETHES* **FAUST** ZUM
Foetus SuPErGAU

starring: *Atti Bulu* as **the bloom to come**
Ubula Tit as **the plum hums** *alias*
Mr. Jimmy J. as *THE HORN SHE BLEW*
also
starring: *ALOYS & OLGA*
KARL-DORIAN ROTZNER
AND WONDER WHOSE COME COMES
WHOSE LONGING LIPS SLIP SOFTLY
THE DEWED PETALS OF YOUR FLOW

Wer wirklich sauberes Wasser
will, bekommt auch welches!

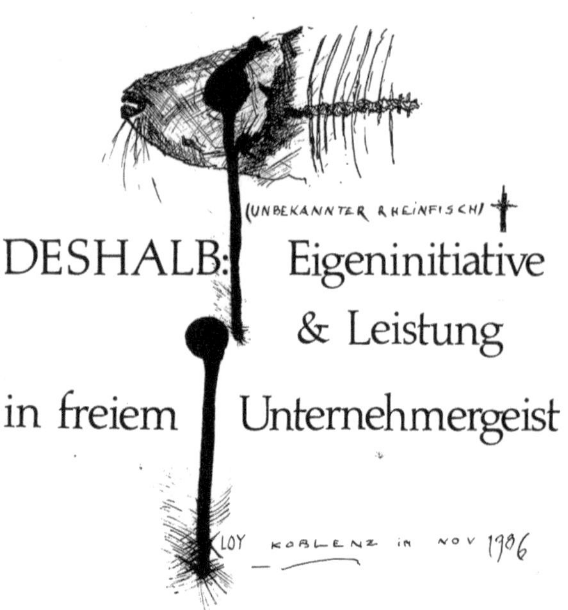

DES BAUS
GEGNER. **GEGNER**
DES BAUS.

GEGNER DES BAUS
einer dritten Startbahn.

gEgnEr **DER GEGNER**
dEs baus.

GEGNER DES BAUS
Haben lahmgElEgt.

HABEN VERTRIEBEN.
DIE POLIZEI

VERTIEB MIT TRÄNENGAS
Gegner Des Baus.

heute, denn auch meine vielen Vorträge zu dem Themenkomplex Romantik sind keine Publikumsrenner; vielleicht fehlen mir auch nur die richtigen Partner, genauer: überhaupt welche. Denn der Status des Einzelkämpfers, der Tabu-Litu-Mann, schafft Distanz und hält Mentoren fern. Andererseits ist das natürlich die Konsequenz, wenn man sich nicht reinreden lassen will. Insofern: d'accord.

Auf Seite 35 links oben die Visualisierung eines Gedichtes, das 1975 geschrieben und 1987 gestaltet wurde. Meine eigene Vergänglichkeit war mir nicht erst seit dem frühen Tod meiner Mutter sehr bewusst. Dazu das Plakat zur Bukowski-Lesung und eine Postkarte vom Deutschen Eck in Koblenz. Zur Zeit der Aufnahme des Fotos war der Kaiser noch nicht wieder zurück auf dem Denkmal.

„Pictures at an Exhibition", Bilder meiner Ausstellung, meiner einzigen Ausstellung in einem Buchla-

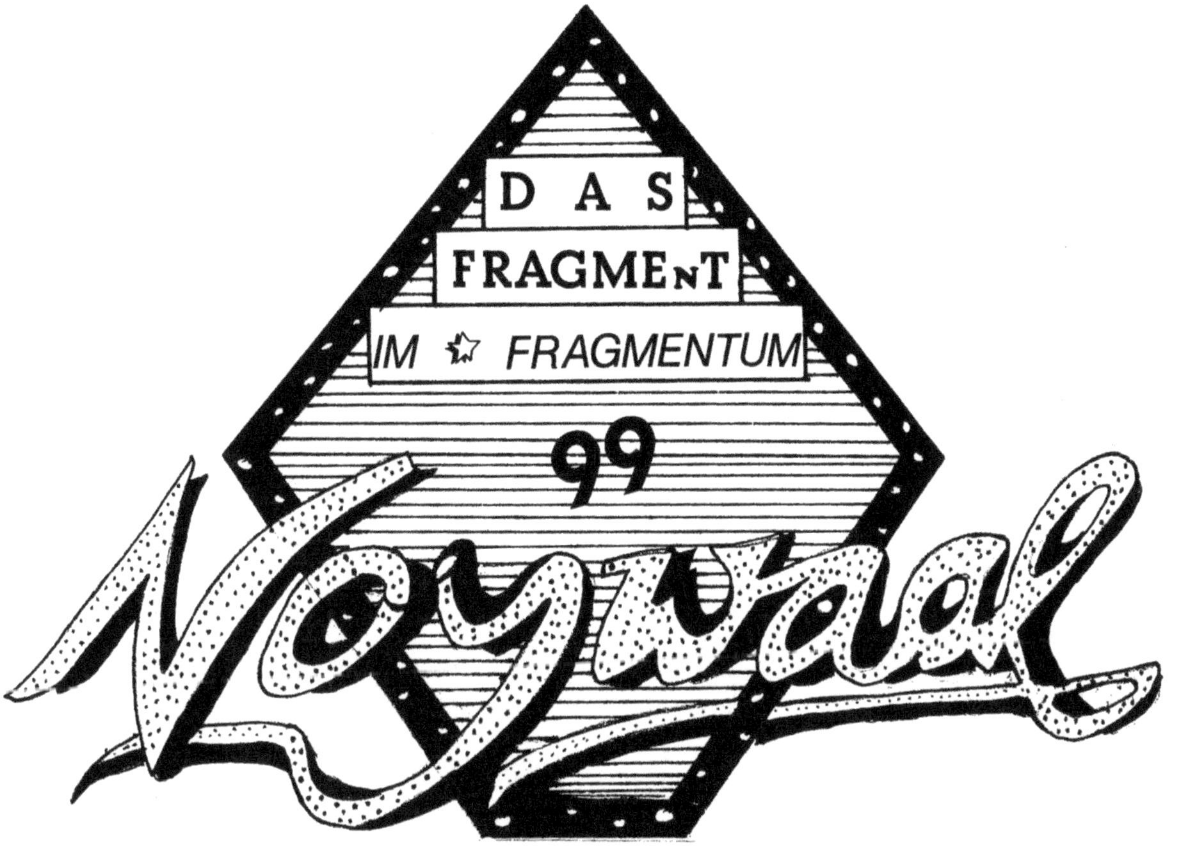

VON UNSRM DONNA KHORSPONDNT **ADI v. BUHLU**

den auf den Seiten 36 bis 38. Die Rhein-Zeitung titelte „Fernab von Postkarten-Schönheiten." Unterschiedliche Techniken, unterschiedliche Formate. Sprühfarbe auf Spanplatten, Collagen ebenso übersprüht und bemalt, Text-Bild-Kombinationen, Wasserfarbe. Sogar eine Flasche Moselhochwasser hatte ich abgefüllt und ausgestellt.

Nach dem Tod meiner Mutter und der Geburt meiner Tochter haben wir beschlossen, mein Elternhaus um einen Gebäudeteil zu erweitern und zu einem Dreigenerationenhaus zu machen. Alle diese wichtigen Entwicklungen fanden Mitte der 1980er Jahre im privaten wie geschäftlichen und künstlerischen Bereich statt. Bis 1999 gab es keine wesentlichen Veränderungen, nur Fortführung. Im Verlag bedeutete das die Herausgabe der Bücher 1, Gedichte, bis 9, dem Roman „Die Rheinland-Papiere."

Ich werde zum Inhalt der einzelnen Titel keine weiteren Ausführungen machen, die Titel sind weiterhin erhältlich und es gibt ausreichend Information im Internet dazu. Darüberhinaus will ich an dieser Stelle noch einmal auf meinen autobiografischen Roman „Im Goldpfad 10 – Ein Schlüsselroman" (2014) und die Autobiografie „Paradise with Black Spots and Bruises – Stories, Pictures, and Thoughts of a Lifetime" (2017) verweisen.

Die Textrealisationen auf Seite 39 und 40 wurden mit Letraset Anreibeschriften, also Klebebuchstaben, ausgeführt. Sie sind in Buch 3 zu finden, wie ebenso die Grafik auf dieser Seite oben. „Tabu Litu – ein documentum fragmentum in neun Büchern" ist in vielerlei Hinsicht ein Dokument, zeigt es auch die technische Entwicklung auf: Vom Schreibmaschinen-Satz (Buch 1) über den Satz mit einer Olivetti, die ein Typenrad und einen kleinen Speicher hatte (Bücher 2-4), zum Personal Computer mit einem annähernd professionellen Satzprogramm. Ich habe zwar auch mit Apple-Computern gearbeitet, persönlich jedoch mit Microsoft-Programmen, die ab Mitte der 1990er Jahre (Win95) brauchbare Ergebnisse liefern konnten.

Ab 1987 habe ich mit Personal Computern gearbei-

Weiter auf S. 43

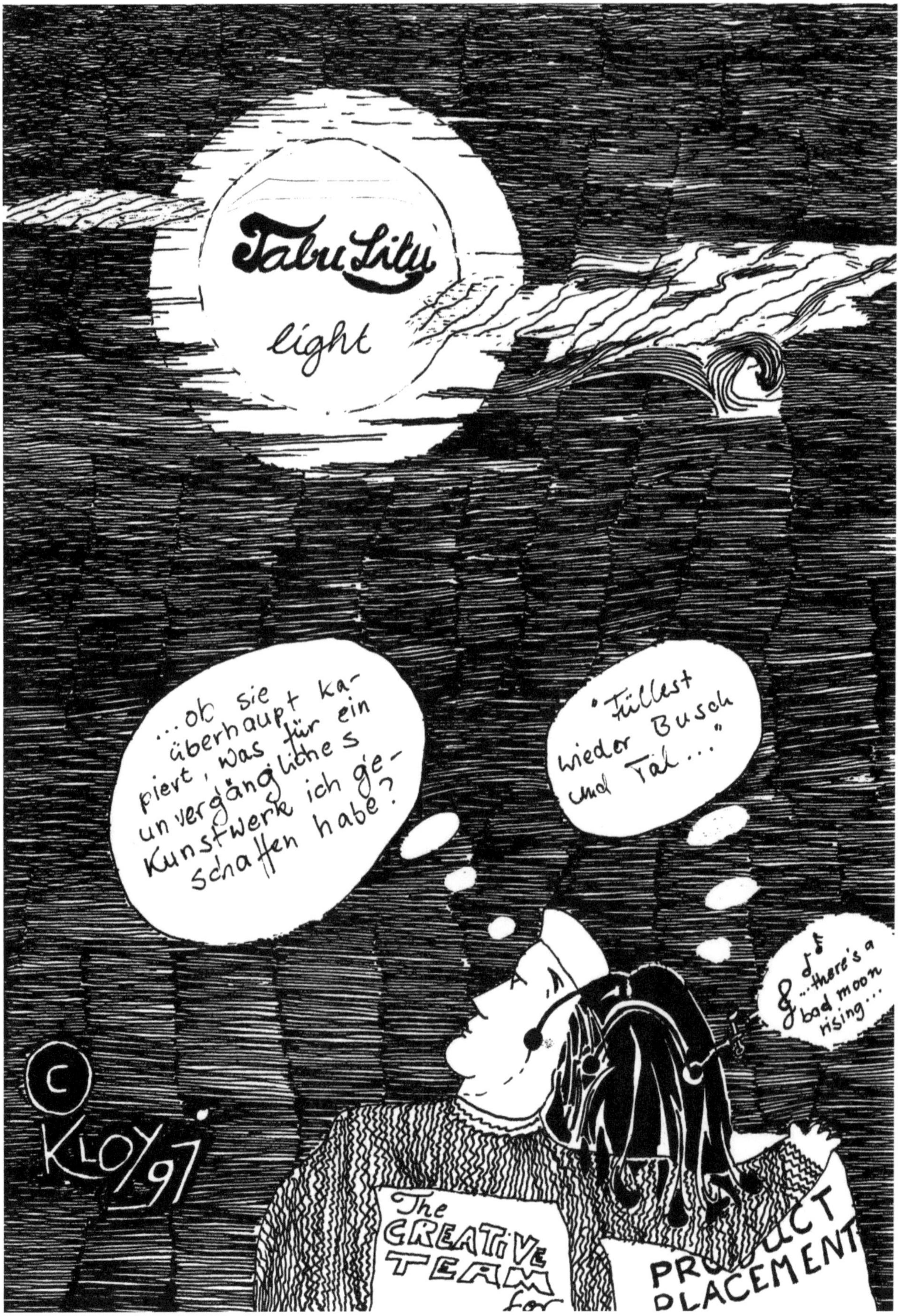
Tabu Lily
light
...ob sie überhaupt kapiert, was für ein unvergängliches Kunstwerk ich geschaffen habe?
"Füllest wieder Busch und Tal..."
...there's a bad moon rising...
© KLOY 97
The CREATIVE TEAM for
PRODUCT PLACEMENT

tet und, sobald ich die entsprechenden Programme hatte, diese auch grafisch-künstlerisch genutzt, besonders in dem Roman „Stellas Promotion“ (TL Buch 6, 1994).

Unten Entwürfe zum Roman „Die Grenze, der Sturm und das Drama“ (1990), links unten auch zum inhaltlichen Aufbau in Dreierstrukturen. Auf Seite 45 ein Entwurf zu dem Roman „Stellas Promotion“ (1994). In diesem Buch habe ich sehr viele Illustrationen untergebracht: Collagen, Zeichnungen mit Tusche- und Wasserfarben, aber auch erste, die mit einem Malprogramm für den PC (s. Seite 44) erstellt wurden. Beide Romane wurden in kurzen Beiträgen im SWR-Fernsehen vorgestellt. In Mainz war ich sehr häufig in Radiosendungen zu meiner Literatur, aber auch bei Podiumsdiskussionen. 1993 brachte eine wichtige Veränderung: Ich begann, Kreatives Schreiben an einer Volkshochschule zu unterrichten. Das ist insofern wichtig, weil es der Anfang meiner Dozententätigkeit war, die bis heute anhält. Denn zum Kurs des Kreativen Schreibens kamen bald Englisch-Kurse dazu, nicht nur an der VHS, sondern an weiteren Institutionen der Erwachsenenbildung, Berufsbildenden Schulen und Hochschulen.

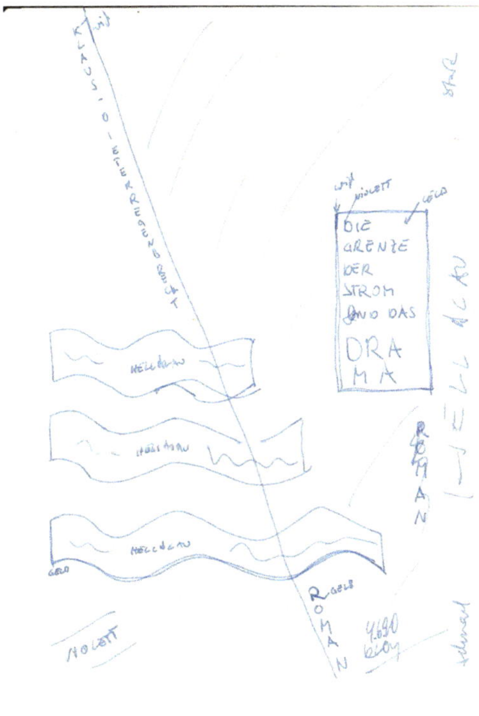

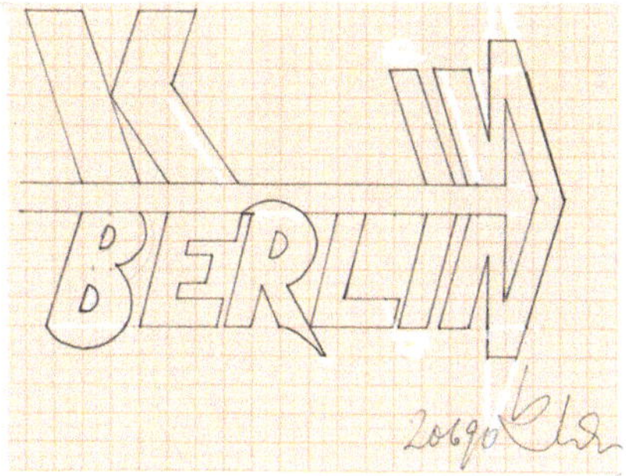

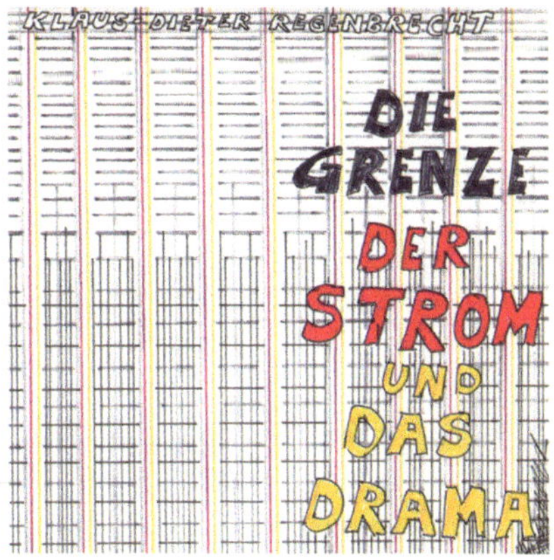

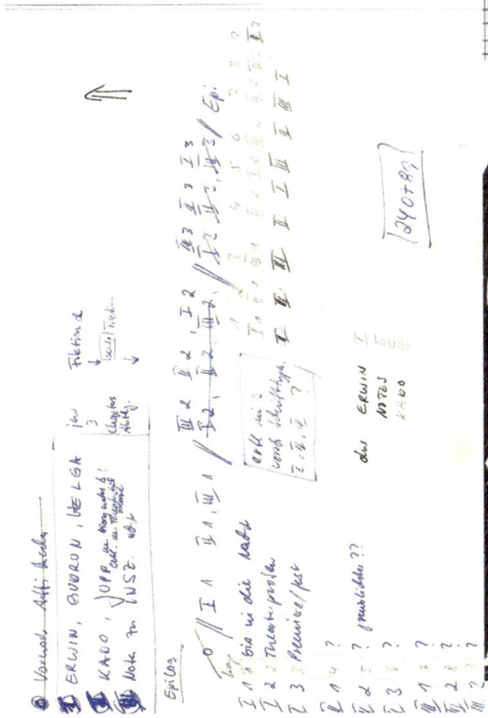

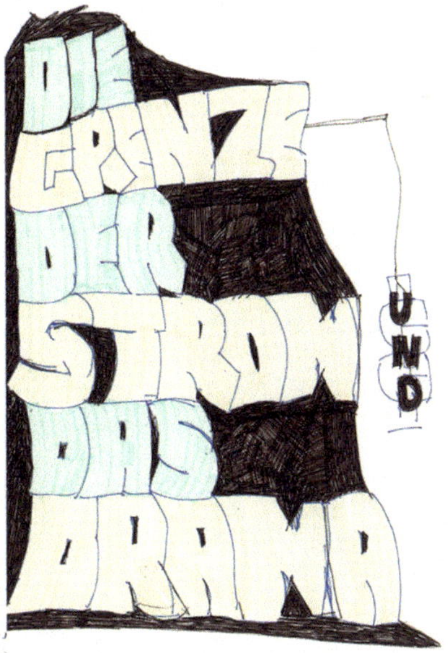

Es gab zwar Einnahmen aus dem Verlag und es gab Lesehonorare, aber das waren keine verlässlichen Geldquellen, die mir stabile finanzielle Unabhängigkeit hätten bieten können. Mir war wichtig, nicht von einer einzigen Quelle abhängig zu sein. Mitte der 1990er Jahre stieg ich allmählich aus der ehrenamtlichen Tätigkeit aus, ich hatte auch so genug zu tun.

1994 realisierte ich ein Projekt, dessen Konturen ich mir schon während meiner Zeit als Bühnenhilfe in Bonn zurechtgelegt hatte: KLOY‘S LYRICAL ROADSHOW (s. Seite 44), nicht nur Lesung, sondern mit Musik und Tanzeinlagen.

1998 übernahm ich in einem anderen Verlag Redaktion und Lektorat für eine neue Reihe: „KAFF“, das für ***Klein aber Fein bei Fölbach*** stand. Auch hier gab es eine große und publikumswirksame Veranstaltung,

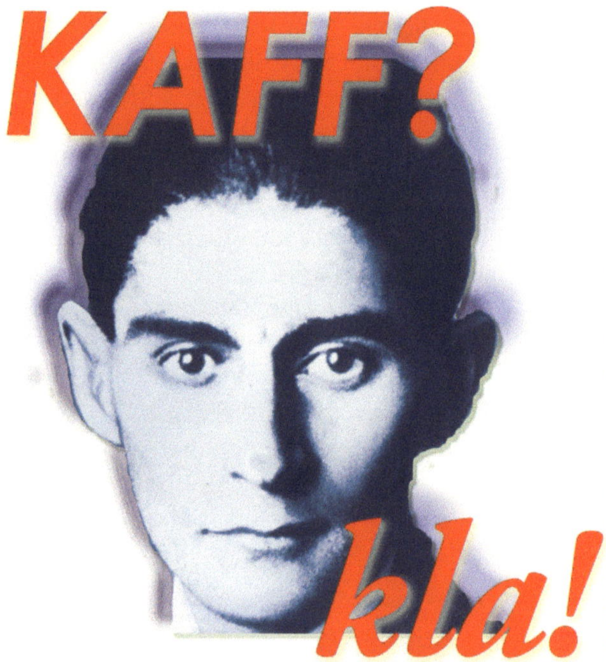

die KAFF-Fête. Im gleichen Jahr startete ich meine Onlinepräsenz, kloy.de wurde ins Netz gestellt. Mit viel Mühe und Geduld hatte ich wenigstens die Homepage hinbekommen, und tatsächlich erst einmal nur diese eine Seite unter dem Motto „Das Abenteuer Literatur."

Wir näherten uns dem Ende des Jahrhunderts, des Jahrtausends, meine Kinder waren bald siebzehn und dreizehn Jahre alt, „Tabu Litu" ging mit der Veröffentlichung des Romans „Die Rheinland-

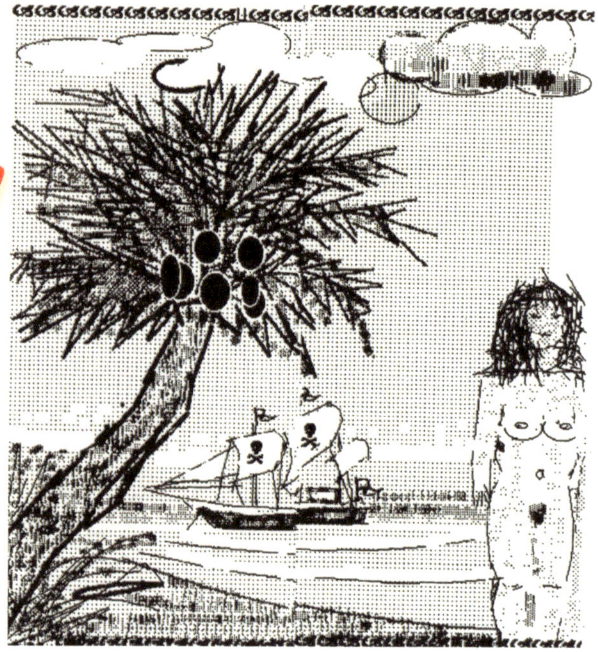

Papiere oder Die Tricks der Bücher" (1999) dem Ende entgegen, ohne dass ich eine Vorstellung gehabt hätte, was danach kommen sollte. Es kommt bekanntlich immer anders als man denkt. Das neue Jahrhundert, das neue Jahrtausend begannen für mich mit dem größten Bruch in meinem Leben. Nicht nur war „Tabu Litu" abgeschlossen, sondern es war klar, dass meine Frau und ich uns trennten, dass auch mein Vater bald an Krebs sterben würde.

In meiner englischen Autobiografie habe ich geschrieben: My father left me the house, my wife left me the children, literature left me with nothing.

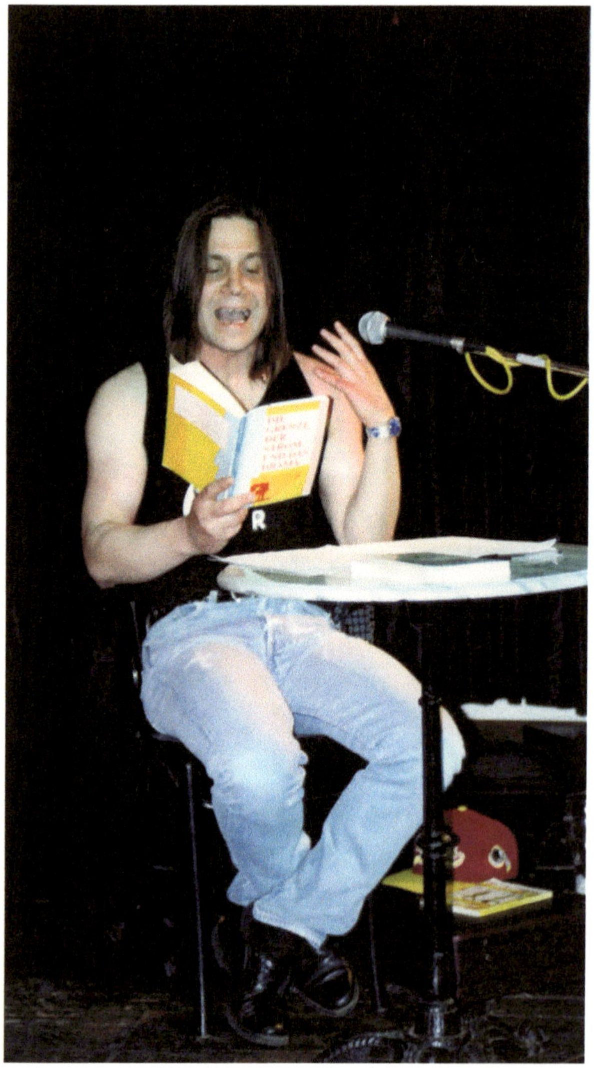

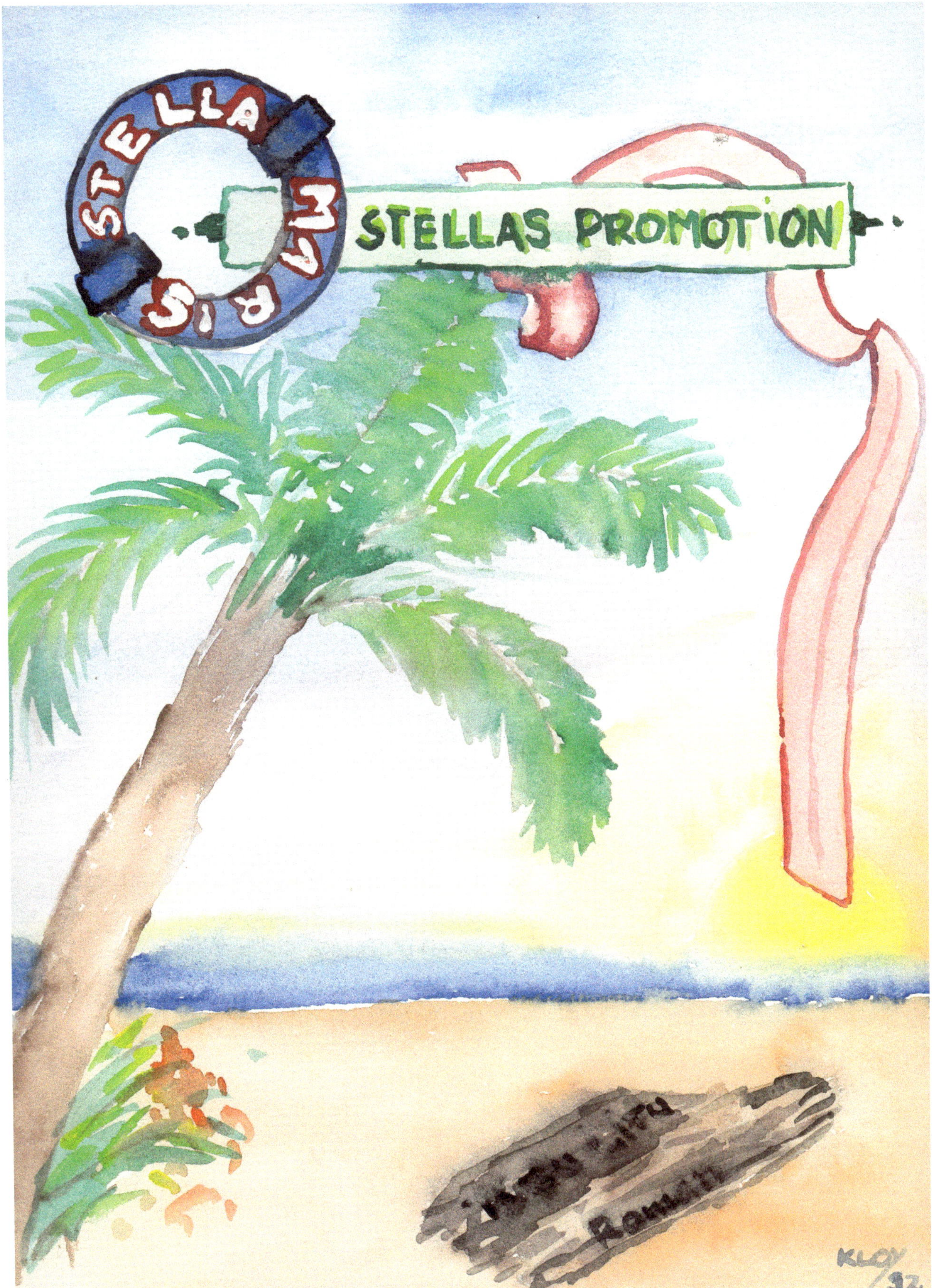
STELLA MARIS
STELLAS PROMOTION
KLOY 92

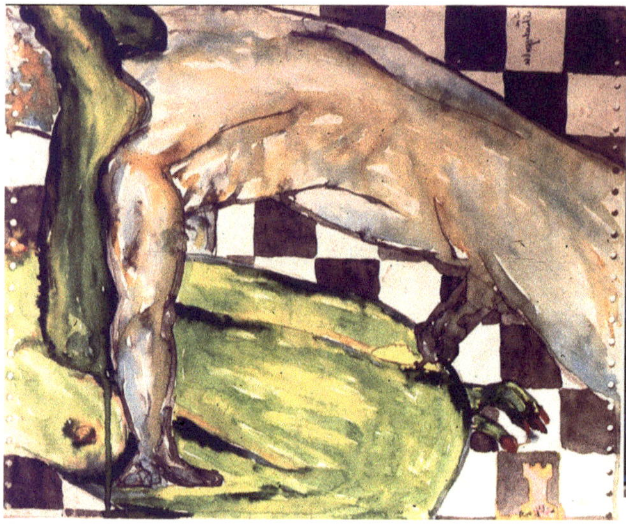

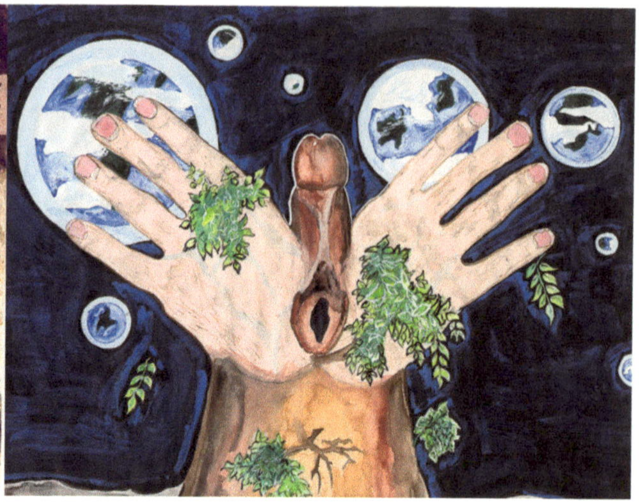

Oben links „Schachmatt“ Holländer Wasserfarbe auf Endlos-Papier für den PC, rechts reguläre Wasserfarbe „Yggdrasil“ (Ausschnitt) auf Zeichenblock-Papier. Beides 1980er.

Unten zwei Beispiele für Webseiten (Screenshots)
https://kloy.de/maxikit/limone6.htm (links)
https://kloy.de/lesetouren/erotik2.htm (rechts)

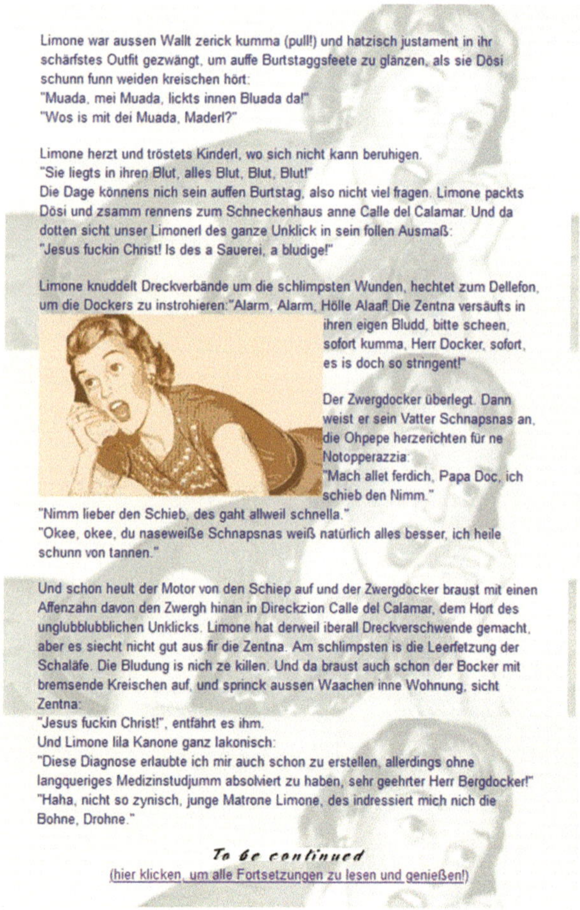

Limone war aussen Wallt zerick kumma (pull!) und hatzisch justament in ihr schärfstes Outfit gezwängt, um auffe Burtstaggsfeete zu glänzen, als sie Dösi schunn funn weiden kreischen hört:
"Muada, mei Muada, lickts innen Bluada da!"
"Wos is mit dei Muada, Maderl?"

Limone herzt und tröstets Kinderl, wo sich nicht kann beruhigen.
"Sie liegts in ihren Blut, alles Blut, Blut, Blut!"
Die Dage könnens nich sein auffen Burtstag, also nicht viel fragen. Limone packts Dösi und zsamm rennens zum Schneckenhaus anne Calle del Calamar. Und da dotten sicht unser Limonerl des ganze Unklick in sein follen Ausmaß:
"Jesus fuckin Christ! Is des a Sauerei, a bludige!"

Limone knuddelt Dreckverbände um die schlimpsten Wunden, hechtet zum Dellefon, um die Dockers zu instrohieren:"Alarm, Alarm, Hölle Alaaf! Die Zentna versäufts in ihren eigen Bludd, bitte scheen, sofort kumma, Herr Docker, sofort, es is doch so stringent!"

Der Zwergdocker überlegt. Dann weist er sein Vatter Schnapsnas an, die Ohpepe herzerichten für ne Notopperazzia:
"Mach allet ferdich, Papa Doc, ich schieb den Nimm."
"Nimm lieber den Schieb, des gaht allweil schnella."
"Okee, okee, du naseweiße Schnapsnas weiß natürlich alles besser, ich heile schunn von tannen."

Und schon heult der Motor von den Schiep auf und der Zwergdocker braust mit einen Affenzahn davon den Zwergh hinan in Direckzion Calle del Calamar, dem Hort des unglubblubblichen Unklicks. Limone hat derweil iberall Dreckverschwende gemacht, aber es siecht nicht gut aus fir die Zentna. Am schlimpsten is die Leerfetzung der Schaläfe. Die Bludung is nich ze killen. Und da braust auch schon der Bocker mit bremsende Kreischen auf, und sprinck aussen Waachen inne Wohnung, sicht Zentna:
"Jesus fuckin Christ!", entfährt es ihm.
Und Limone lila Kanone ganz lakonisch:
"Diese Diagnose erlaubte ich mir auch schon zu erstellen, allerdings ohne langqueriges Medizinstudjumm absolviert zu haben, sehr geehrter Herr Bergdocker!"
"Haha, nicht so zynisch, junge Matrone Limone, des indressiert mich nich die Bohne, Drohne."

To be continued
(hier klicken, um alle Fortsetzungen zu lesen und genießen!)

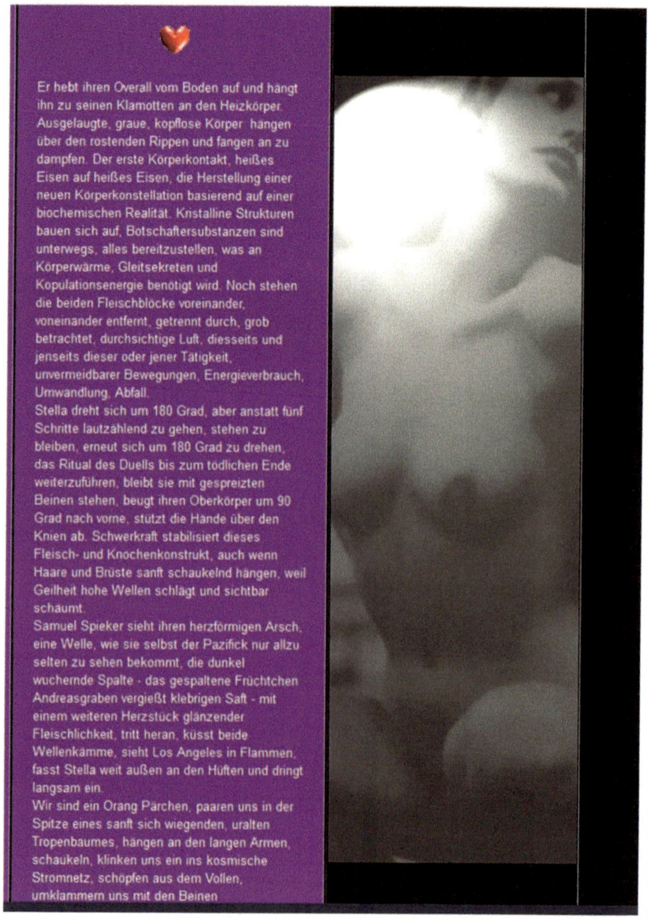

Er hebt ihren Overall vom Boden auf und hängt ihn zu seinen Klamotten an den Heizkörper. Ausgelaugte, graue, kopflose Körper hängen über den rostenden Rippen und fangen an zu dampfen. Der erste Körperkontakt, heißes Eisen auf heißes Eisen, die Herstellung einer neuen Körperkonstellation basierend auf einer biochemischen Realität. Kristalline Strukturen bauen sich auf, Botschaftersubstanzen sind unterwegs, alles bereitzustellen, was an Körperwärme, Gleitsekreten und Kopulationsenergie benötigt wird. Noch stehen die beiden Fleischblöcke voreinander, voneinander entfernt, getrennt durch, grob betrachtet, durchsichtige Luft, diesseits und jenseits dieser oder jener Tätigkeit, unvermeidbarer Bewegungen, Energieverbrauch, Umwandlung, Abfall.
Stella dreht sich um 180 Grad, aber anstatt fünf Schritte lautzählend zu gehen, stehen zu bleiben, erneut sich um 180 Grad zu drehen, das Ritual des Duells bis zum tödlichen Ende weiterzuführen, bleibt sie mit gespreizten Beinen stehen, beugt ihren Oberkörper um 90 Grad nach vorne, stützt die Hände über den Knien ab. Schwerkraft stabilisiert dieses Fleisch- und Knochenkonstrukt, auch wenn Haare und Brüste sanft schaukelnd hängen, weil Geilheit hohe Wellen schlägt und sichtbar schäumt.
Samuel Spieker sieht ihren herzförmigen Arsch, eine Welle, wie sie selbst der Pazifick nur allzu selten zu sehen bekommt, die dunkel wuchernde Spalte - das gespaltene Früchtchen Andreasgraben vergießt klebrigen Saft - mit einem weiteren Herzstück glänzender Fleischlichkeit, tritt heran, küsst beide Wellenkämme, sieht Los Angeles in Flammen, fasst Stella weit außen an den Hüften und dringt langsam ein.
Wir sind ein Orang Pärchen, paaren uns in der Spitze eines sanft sich wiegenden, uralten Tropenbaumes, hängen an den langen Armen, schaukeln, klinken uns ein ins kosmische Stromnetz, schöpfen aus dem Vollen, umklammern uns mit den Beinen

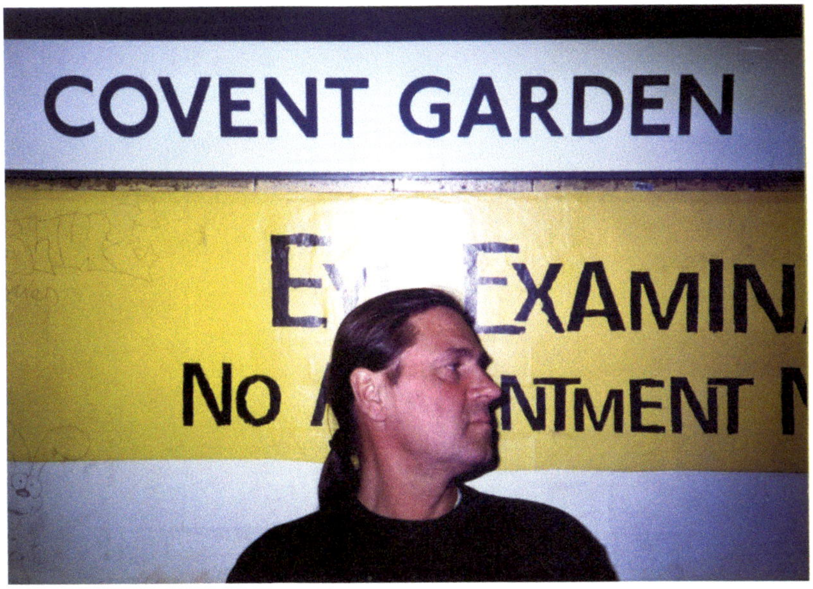

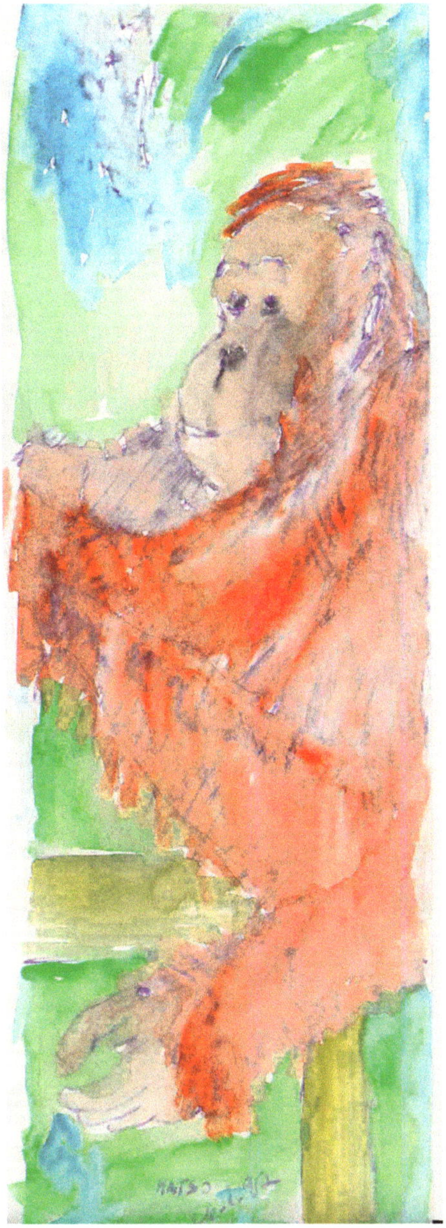

Ende der 1990er Jahre. Oben: London, U-Bahn-Station (1999). Rechts: Matso, der Orang-Utan aus „Stellas Promotion“ (1994, Wasserfarbe, blaue Tusche). Unten links: Umschlag-Entwurf zu den „Rheinland-Papieren“ (1999, nicht verwendet). Unten rechts: Blüte mit Stein, o.J.

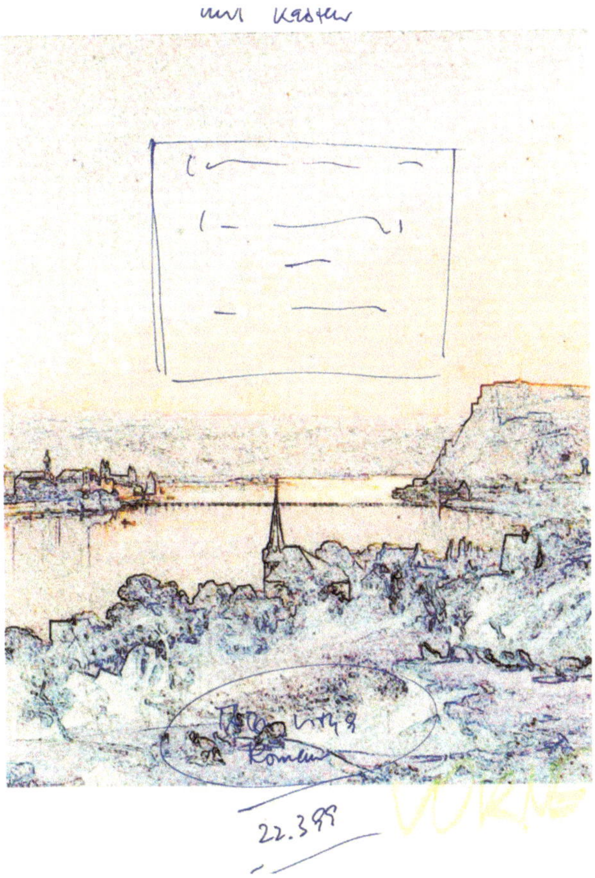

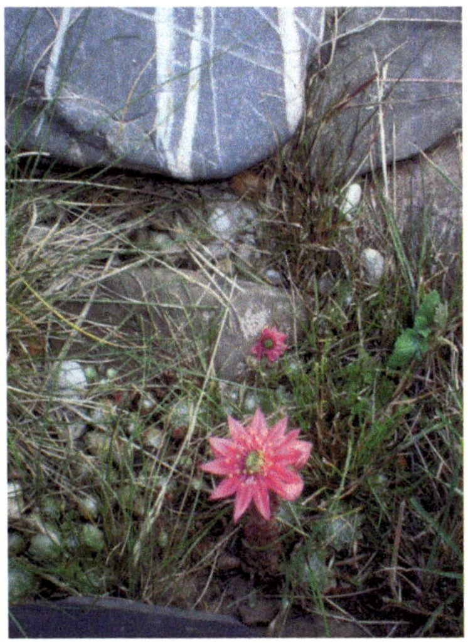

2000-2014

Genug zu tun hatte ich. Mehrere Dozenten-Jobs, bis zu sechs in Hochzeiten, sämtlich freiberuflich und mit befristeten Verträgen, manche nur zwei Wochenstunden, die aber nicht nur Vor- und Nachbereitung, sondern auch Verwaltungsarbeit und viel Fahrerei bedeuteten. In zehn Monaten musste das Jahreseinkommen zusammen sein, denn in den Ferien gab es kein Geld, und es gab auch kein Geld, wenn ich krank war, was ich jedoch nicht zuließ. Haus und Kinder wollten finanziell unterhalten werden, die Kinder, beide noch in der Schule, brauchten ihren Vater nun noch mehr als zuvor.

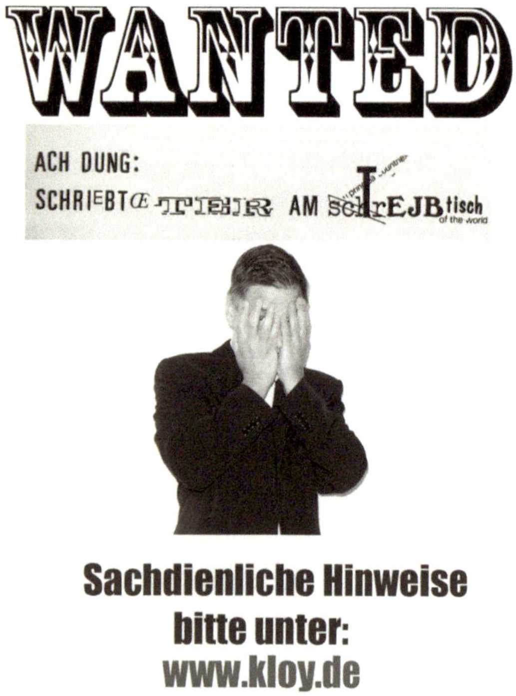

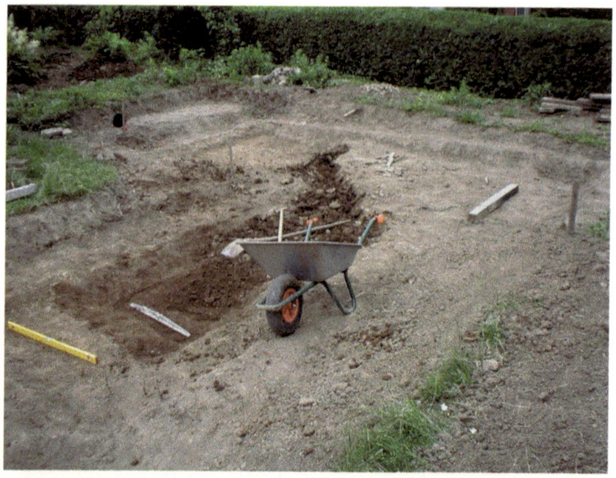

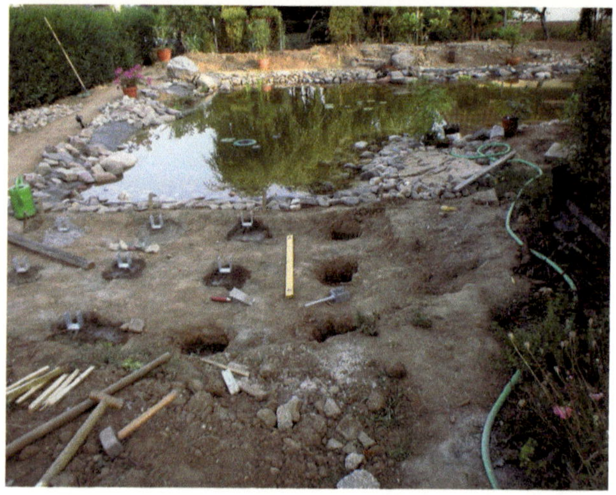

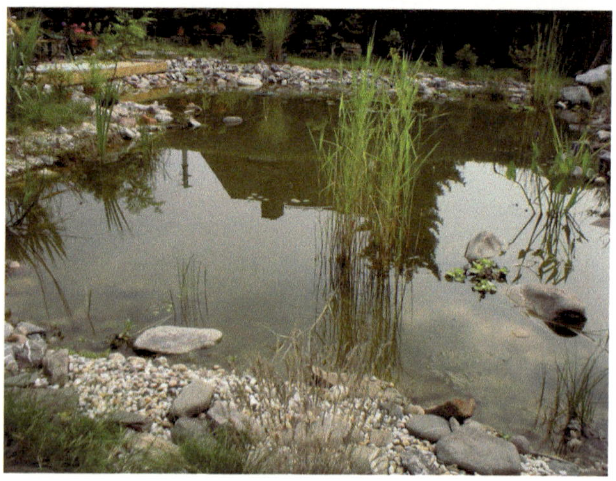

Keine Zeit für Kreativität? Der Schriebtöter am Treibtisch blieb aktiv. Aus dem Literaturbetrieb war ich zwar, wenn ich überhaupt je richtig drin war, verschwunden. Der Gestaltungstrieb lässt sich aber nicht so einfach abschalten. Schon 2002 war ein Krimi fertig: „Continuity – Hitchcocks, Pocahontas." Selbstironie oder Mutmacher-Parole (vgl. Illustration oben): Kontinuität, was mich selbst betraf, war jedenfalls ein Motiv, das nicht so einfach zu gestalten war. Und im nächsten Jahr startete ich ein völlig neues Projekt: Gartenteich.

Und natürlich machte ich alles alleine. Den Entwurf, den Aushub mit dem Spaten, das Heranschleppen der Tonnen von Steinen, nur bei den wirklich großen besorgte ich mir fremde und maschinelle Hilfe, die Auswahl der Bepflanzung. Der Aushub ging innerhalb weniger Wochen vonstatten, die Umwandlung hin zu einem Biotop dauerte länger, geschah aber von selbst. Der Fischreiher fliegt immer wieder einmal ein, selbst einen Eisvogel habe ich schon beim Fischen beobachten können.

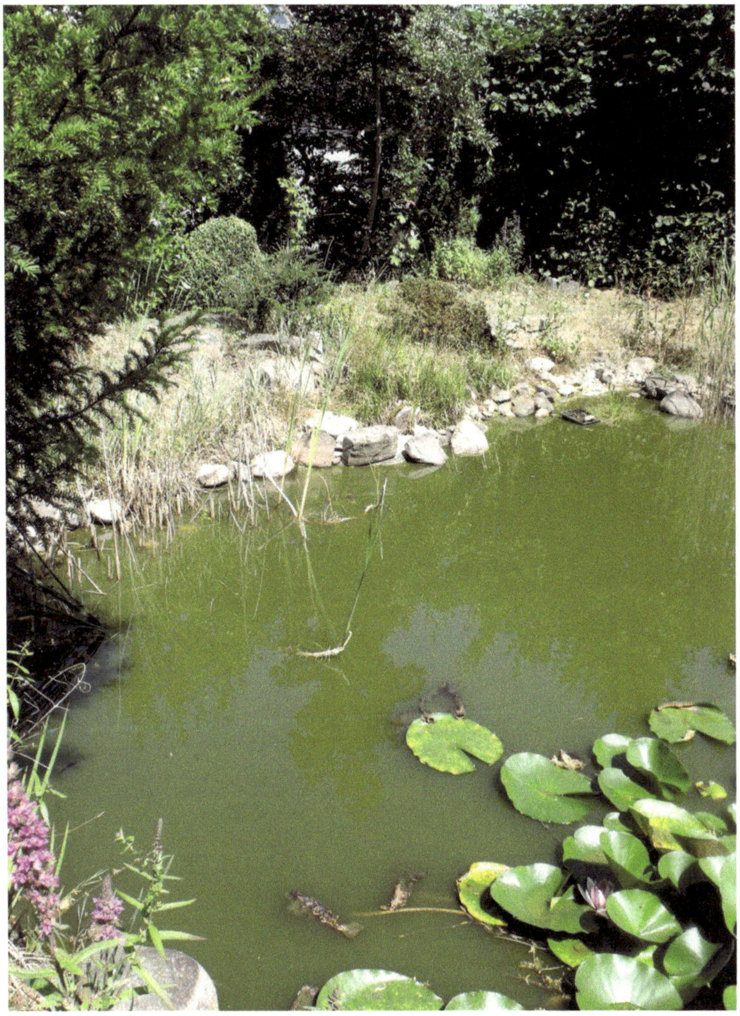

Das Foto auf dieser Seite zeigt den Teich im Sommer bei einem Wasserstand von cirka zehn Zentimetern unter dem Höchststand, der in den letzten Jahren immer seltener erreicht wird.

„Ich schreibe nicht mehr," war meine Antwort, wenn die Frage nach dem Schreiben gestellt wurde. Die Formulierung der Antwort war mit Bewusstheit so gewählt, denn ich verstand sie so: „Ich schreibe im Moment nicht mehr," sie war nicht so gemeint, dass ich ***nie mehr*** schriebe.

Mitten hinein in meine Abstinenz platzte ein Ereignis, das verarbeitet sein wollte: Die Finissage in einem abgelegenen und verwunschenen Anwesen mit mysteriöser Vergangenheit. Der Abend wurde die Grundlage zu der kleinen Erzählung „Artist an Wodka auf Installation" (s. unten). Ich entschied, sie nicht allein zu lassen und schrieb sieben weitere Erzählungen dazu und veröffentlichte die Sammlung unter dem Titel „Das Camp – Acht neue Erzählungen" (2004). Zu allen Erzählungen schuf ich später kleine Titelmotive, sämtlich mit dem Photoshop erzeugt; vier weitere sind auf Seite 50 zu sehen.

Es dauerte dann aber bis 2008, dass eine neue Erzählung erschien: „Die Reisen des Johannes." Und sie beginnt damit, dass der Ich-Erzähler an seinem Teich sitzt, Weizenbier trinkt, weil er nicht weiter arbeiten kann: Er hat sich in den Finger geschnitten.

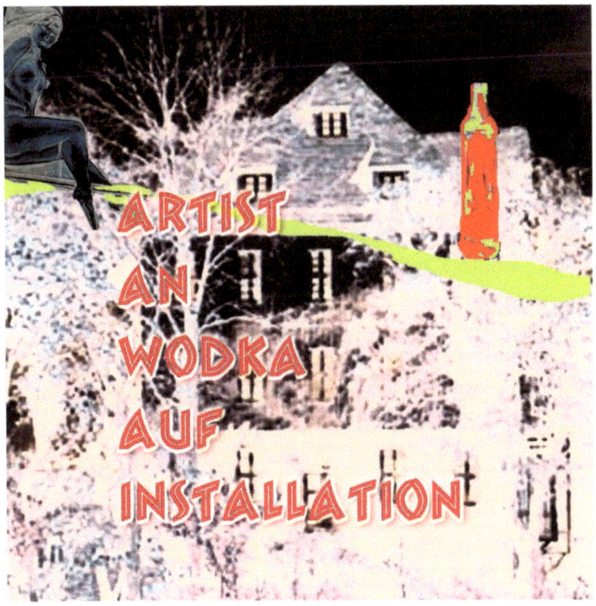

Das erste Jahrzehnt des neuen Jahrtausends neigte sich dem Ende zu, die Kinder waren selbständig geworden, ich hatte seit 2005 eine, wenn auch befristete, Festanstellung, das heißt, ich konnte auch einmal krank werden, ich konnte Urlaub machen, und es floss weiter Geld auf mein Konto.

2010 traute ich mich wieder an einen Roman: „AmoRLauf – Ein Bildungsroman", deren Protagonis-

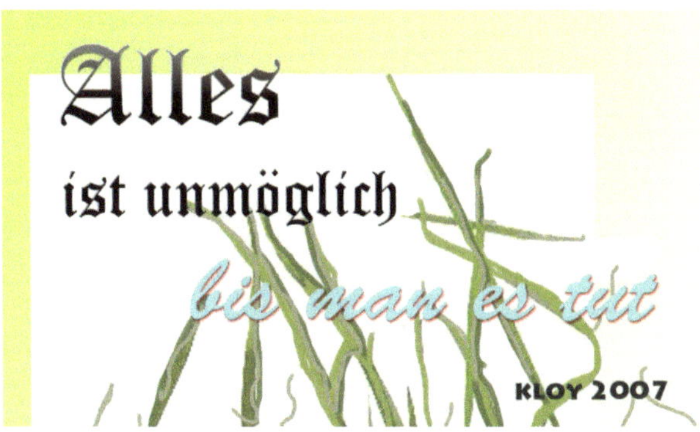

tin, Michelle Foller, an einem Leipziger Gymnasium Französisch und Physik unterrichtet.

Meine grafisch-künstlerischen Ambitionen beschränkten sich im Wesentlichen auf die Gestaltung der Buch-Umschläge und meine Website. Ab und zu probierte ich mal etwas aus, was dann so aussehen konnte wie auf Seite 51. Insgesamt war ich froh, wenigstens meine literarischen Kompetenzen über die schwierige Zeit des Überlebenskampfes gerettet zu haben. 2013 gipfelten diese Bemühungen in einem längeren Roman „Im Goldpfad 10 – Ein Schlüsselroman", ein stark autobiografisch geprägter Roman.

Ich fotografierte auch gerne und fing an, Jahreskalender zu gestalten und zu verschenken. Angefangen

Weiter auf S. 52

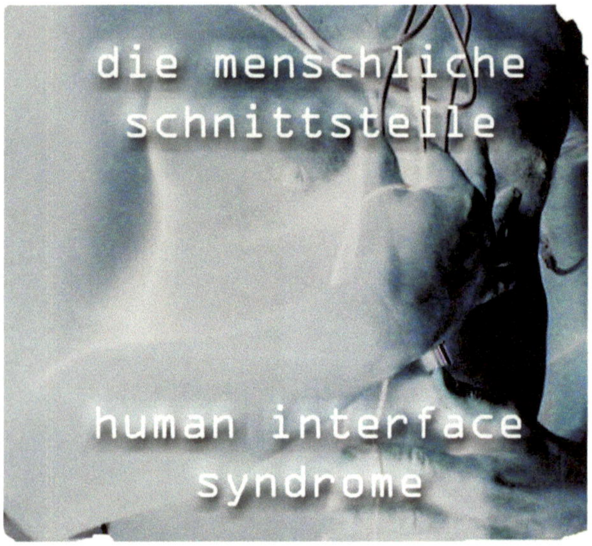

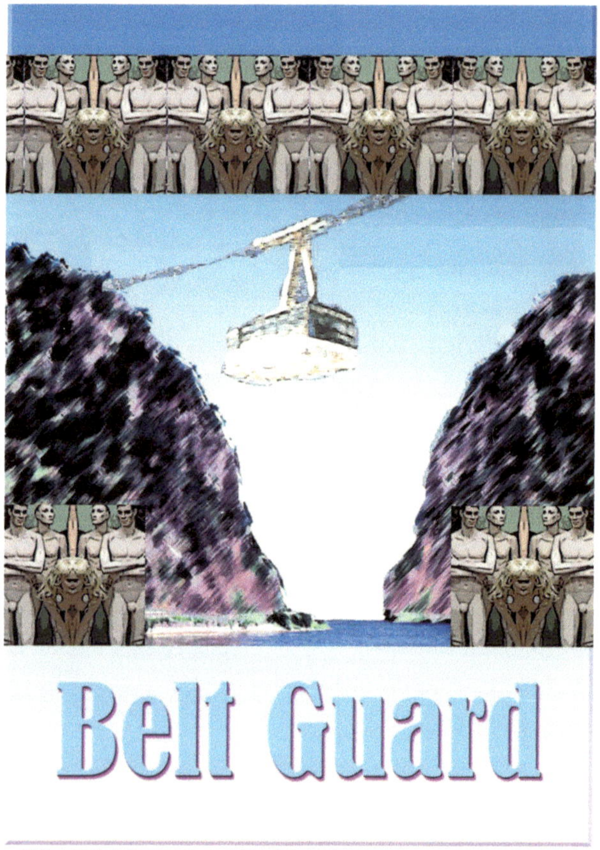

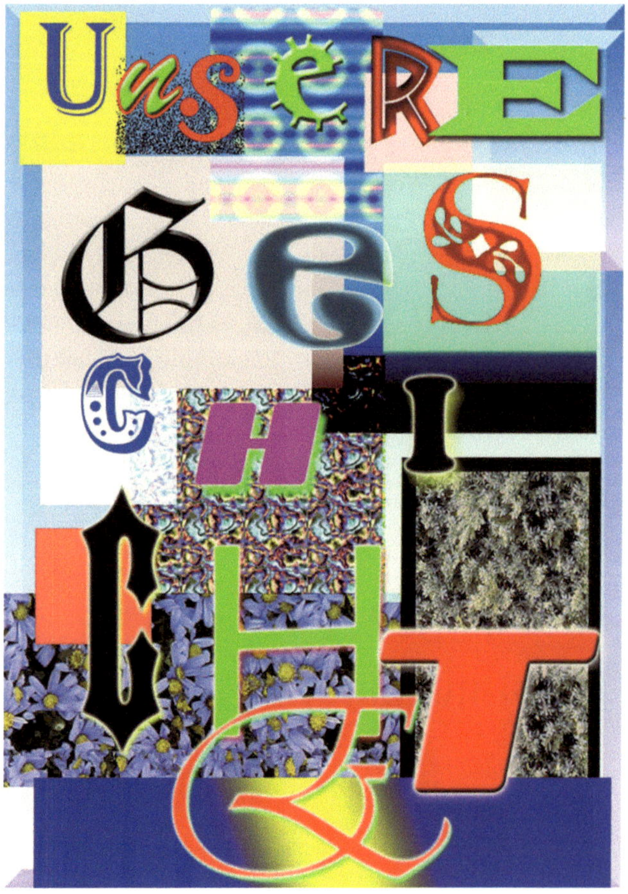

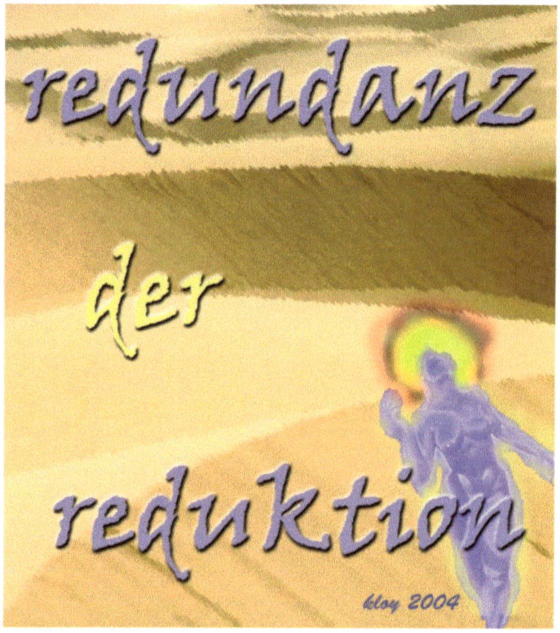

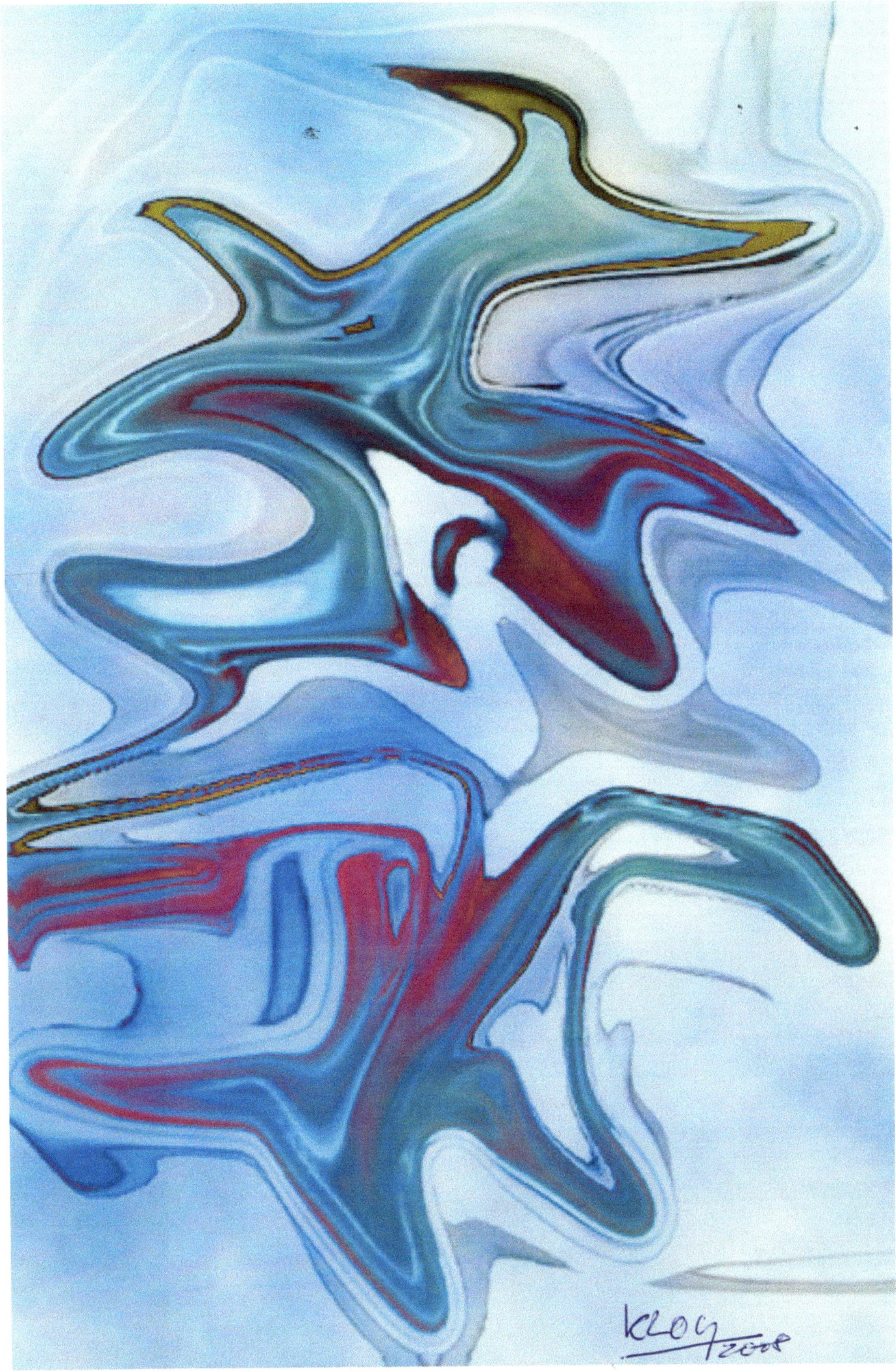

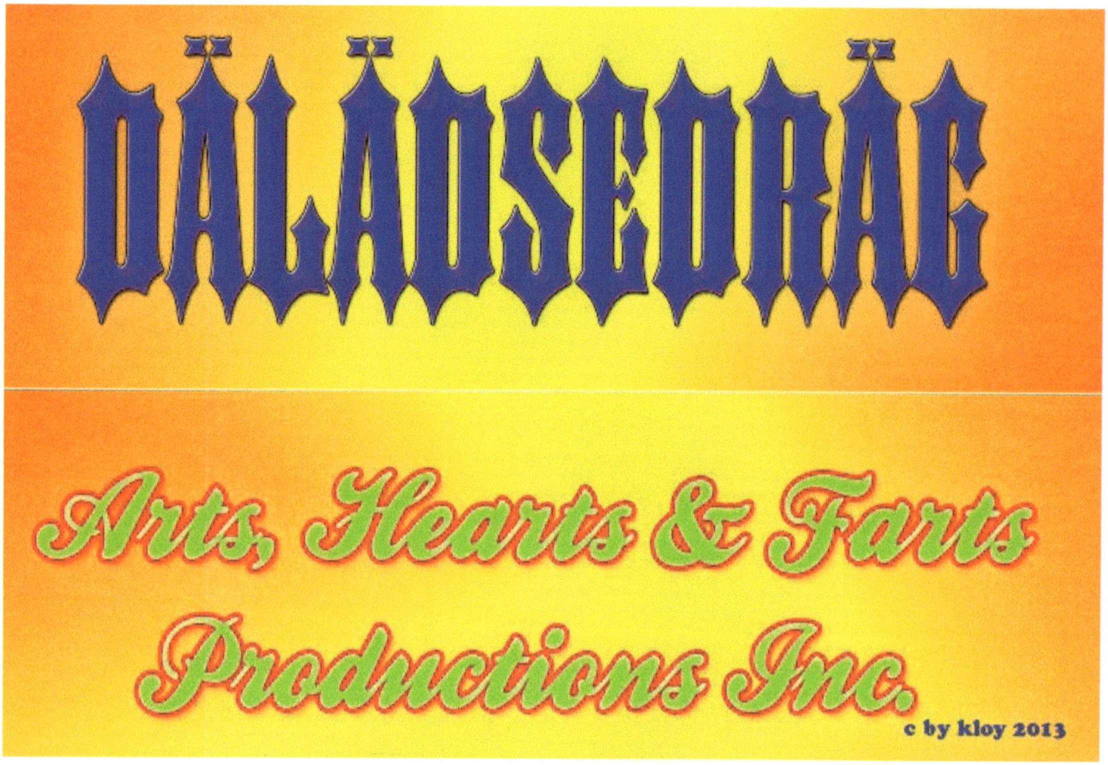

hat es mit selbst ausgedruckten, handgebundenen Exemplaren, später waren es dann professionell gedruckte und großformatige Kalender.

Von meinem Haus aus hat man einen wunderbaren Weitblick in die Eifel, s. Seite 53 und Seite 54. Beide Fotos wurden nur unwesentlich bearbeitet. Der letzte Roman in dieser Epoche ist „Jonas von Dohms zu Brügge" (2014), eine moderne Adaption des Romans „Tom Jones" (1794) von Henry Fielding. Unten ein Zitat aus dem Roman.

Vierzehn Jahre sind eine lange Zeit; für mich war es eine schwere Zeit, die ständig von der Sorge begleitet war, dass ich in meiner Aufgabe versagen könnte, mich nämlich um das Haus und die Kinder zu kümmern. Ich weiß nicht, ob ich ein guter Vater war, aber ich war da. Und ich habe gelebt, geliebt und mir meine Zuversicht nicht nehmen lassen.

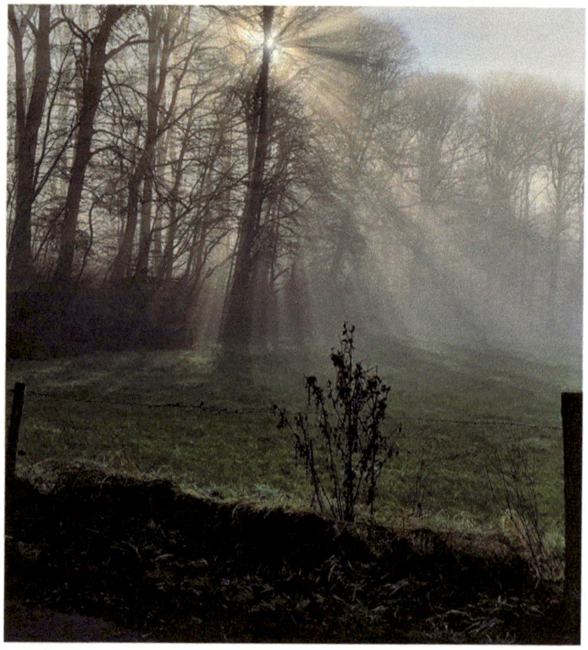

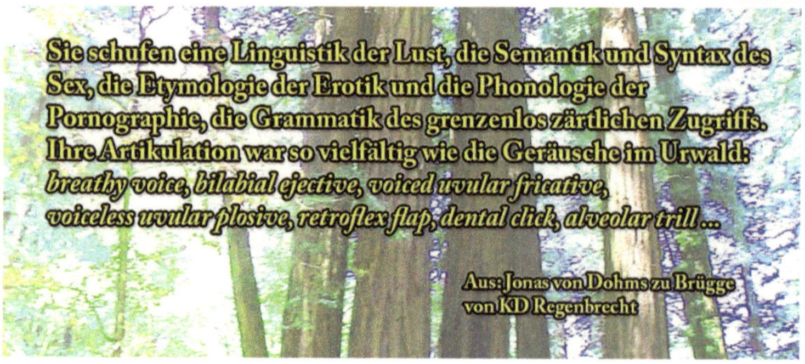

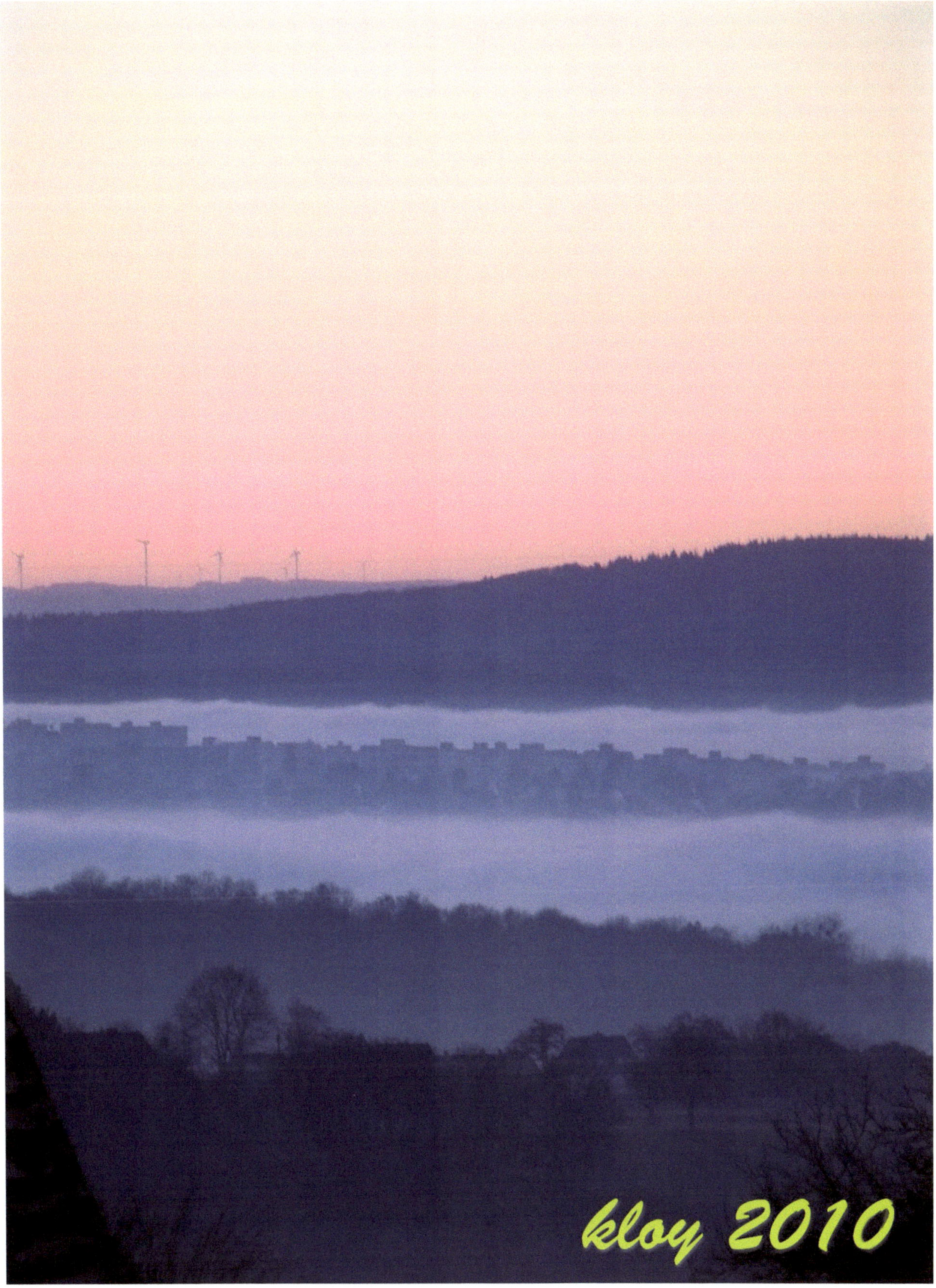
kloy 2010

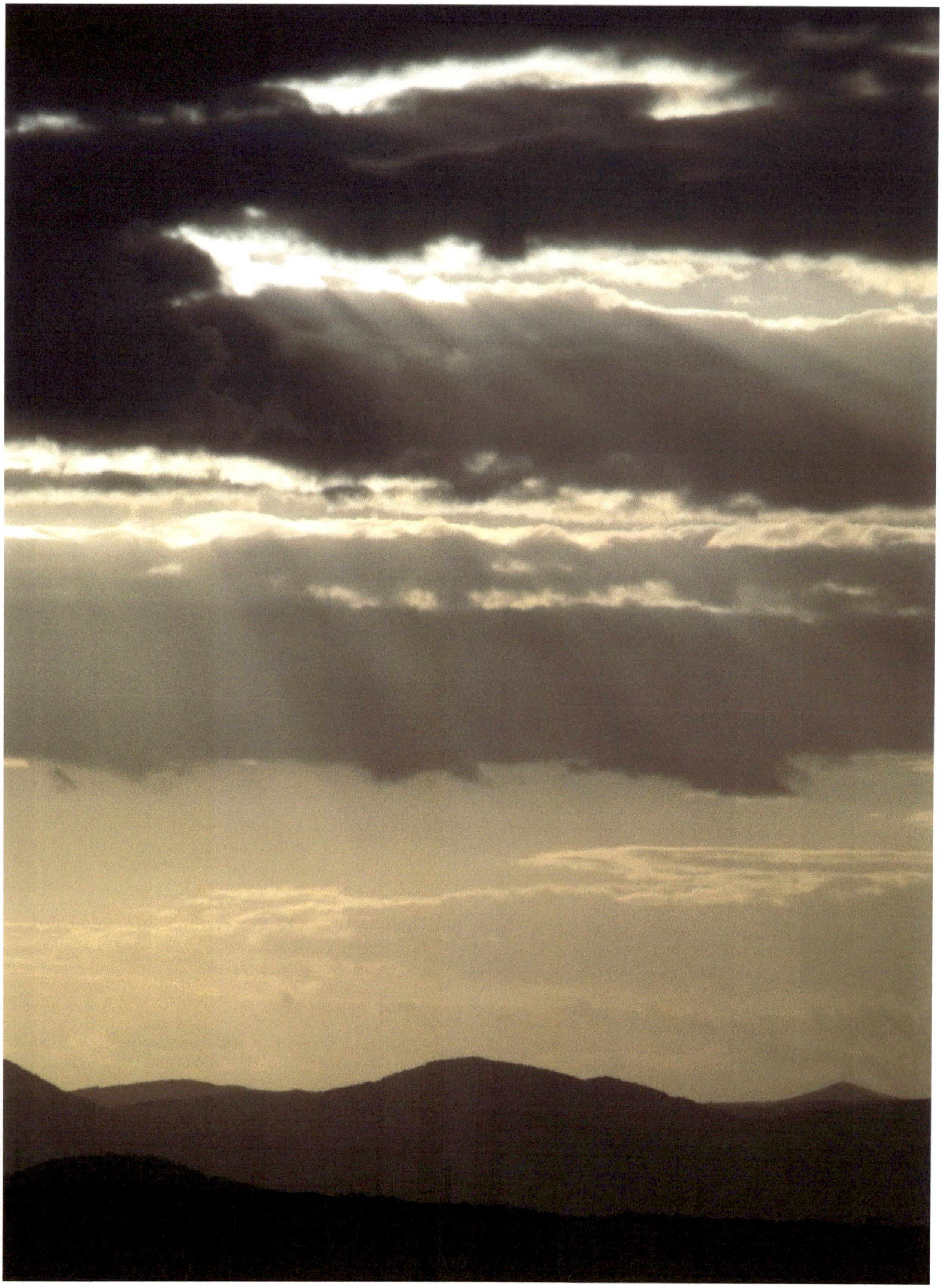

2015-2023

Nachdem mein auf fünf Jahre befristeter Teilzeitvertrag an der Berufsbildenden Schule ausgelaufen war, 2011, wurde ich, weil ein weiterer Zeitvertrag nicht zulässig war, zum ersten Male in meinem Leben unbefristet angestellt, allerdings immer noch nur mit einer halben Stelle. Was ich so lange aufgeschoben hatte, musste nun angegangen werden: Vorsorgeuntersuchungen. Da beide Eltern an Krebs gestorben waren, wusste ich um meine Vulnerabilität.

Und bevor ich irgendwelche Ergebnisse von Untersuchungen hatte, begann ich eine Erzählung zu schreiben, in der die beiden Protagonisten, einer männlich, eine weiblich, an Krebs erkranken. Insgeheim hoffte ich wohl, wenn ich drüber schriebe, könnte es mir so nicht passieren. Es kam aber doch anders, im April 2015 wurde ich operiert und ein Tumor entfernt. Auch das war wieder ein Einschnitt und führte mir klar vor Augen, dass ich nicht nur sterblich war, das wusste ich die ganze Zeit, sondern dass meine Gesundheit und Kraft womöglich bald nicht mehr reichen könnten.

In der anschließenden Reha stand unter anderem auch kreative Arbeit an, das hieß Malen mit Acryl. Foto unten: Erholung im eigenen Garten nach OP und Reha.

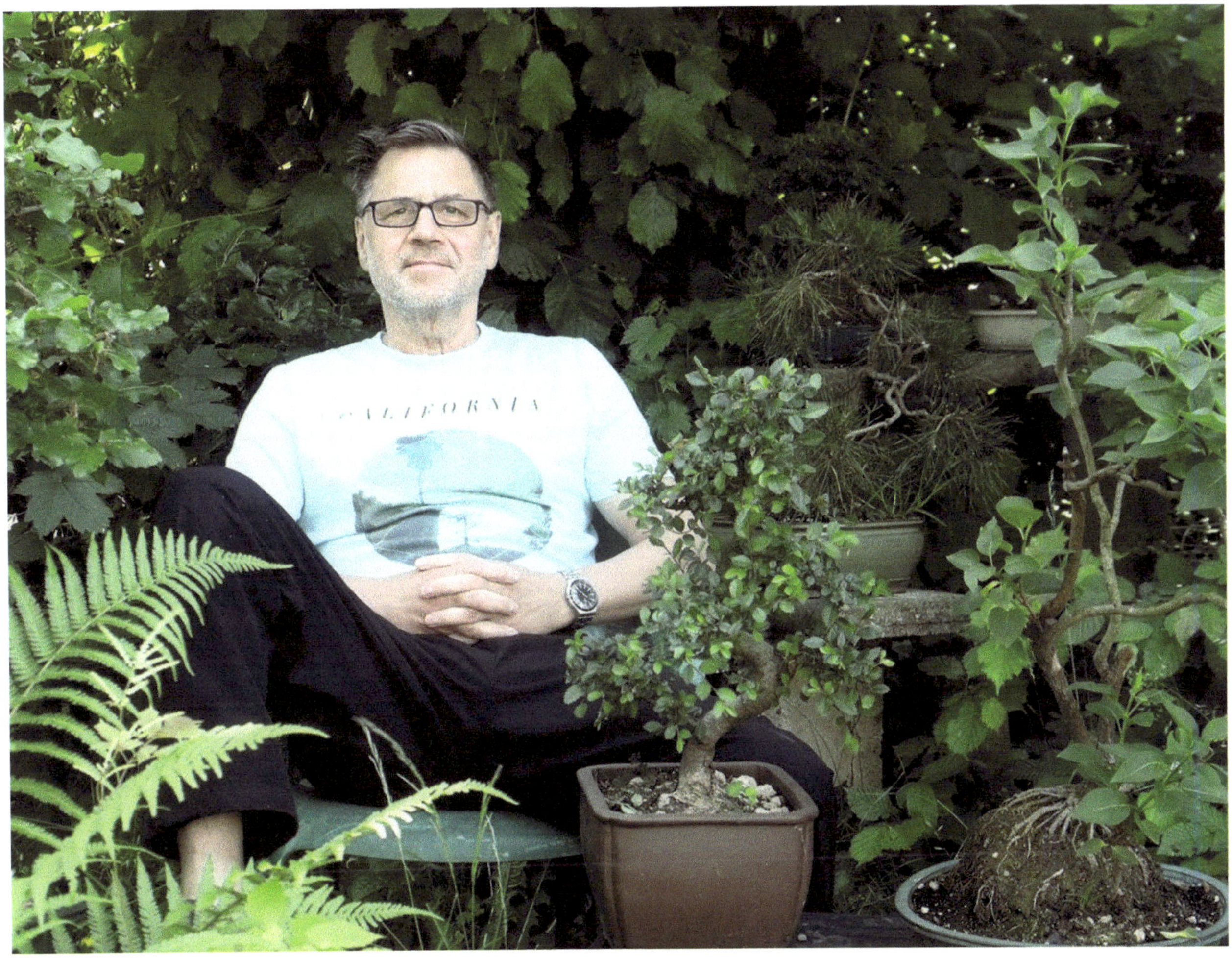

Weil mein Fünfjahresvertrag auslief, ich aber noch ein Jahr über meinen Rentenbeginn hinaus unterrichten wollte, war ich schon vor den Ferien in der Schule zurück. Und so konnte ich um ein Schuljahr verlängern bei einem Stundenkontingent von nur vier Wochenstunden, aber bei verlässlicher Bezahlung.

Nachdem die Erzählung „Luhmen & Balder – Minimal-invasive Eingriffe" fertig war, gab ich meine erste Lesung und Buchvorstellung nach anderthalb Jahrzehnten; was nicht ganz korrekt ist, denn ich hatte im Jahr zuvor, 2014, sowohl in Leipzig als auch in Frankfurt auf der Buchmesse gelesen. Aus dem Roman

Weiter auf S. 57

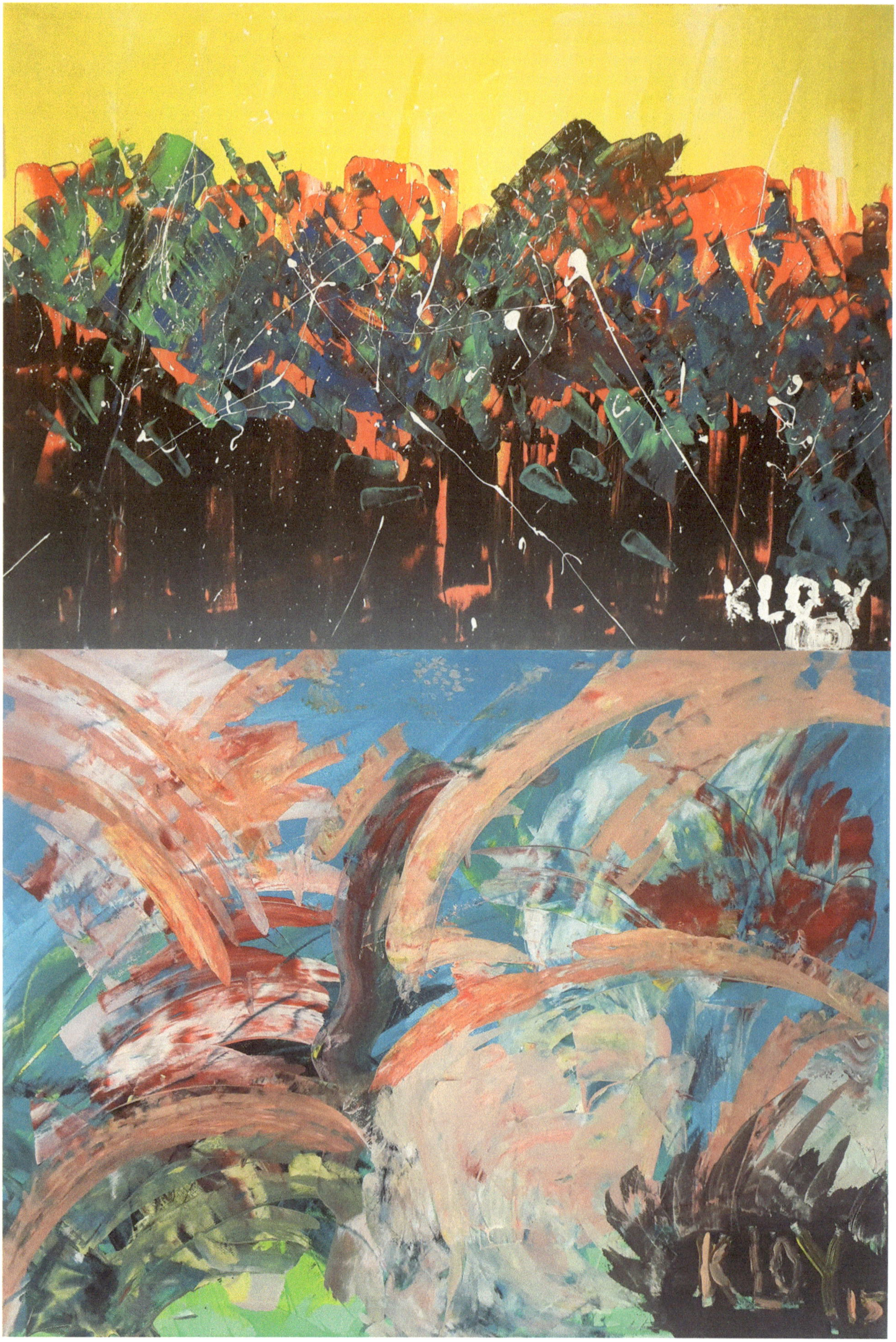
KLOY
KLOY 15

„Stellas Promotion" (1994). Ich hatte beim „Landschreiber-Literaturpreis" einen ersten Preis gewonnen („Mit Sprache über Sprache") mit einem Auszug aus diesem Roman.

Auch meine drei in der Reha gemalten Acryl-Bilder (zwei davon auf Seite 56; Format 50 x 70 cm) stellte ich bei der Gelegenheit aus, nämlich in meinem Reha-Zentrum und mit einem fachkundigen Beitrag des verantwortlichen Arztes. Vor der Lesung sprach mich ein älterer Herr an, ich war ja auch schon 65, und zeigte mir ein Notenheft, in dem meine Englischnoten vermerkt waren. Der weißhaarige Herr war mein alter Englischlehrer, und ich bekam sofort ein schlechtes Gewissen, denn in meiner Erinnerung war ich kein braver Schüler. Aber er beschwichtigte mich und war offensichtlich stolz auf mich. So bringt die Erinnerung der Vergangenheit oftmals sehr unterschiedliche Einschätzungen zutage.

Meine Chancen post-OP waren 50:50, oder, wie mein Arzt es ausgedrückt hatte, es war nicht fünf vor zwölf, nicht fünf nach zwölf, es war zwölf. Der Gedanke, eine Autobiografie anhand meiner Bilder zu schaffen, kam mir, während ich meinen Körper in der Reha wieder fit zu bekommen versuchte.

Von 2000 bis 2014 hatte ich sechs Bücher veröffentlicht, immerhin oder nur, wie man's nimmt. Was also anfangen mit 65, mit der Aussicht, ab dem nächsten Jahr Rente zu beziehen, keine allzu üppige, aber mit kleinen Nebenverdiensten eine ausreichende, wenn man nie auf großem Fuße gelebt hat. Mit dem Bewusstsein im Hinterkopf, dass beide Eltern ihre Krebsdiagnose und -thearapie nicht lange überlebt hatten. Ein Comeback versuchen, in meinem Alter? Obwohl es heißt, they never come back?

Oder noch einmal richtig auf die Pauke hauen, alles nachholen, was ich glaubte, versäumt zu haben? Endlich Karriere machen? Karriere, also öffentliche Anerkennung meiner Arbeiten, war mir nie wichtig gewesen. Alles, was ich wollte, war gestalten, den Dingen, die mich umtrieben, beschäftigten, verwirrten, ärgerten oder glücklich machten, eine Gestalt geben. Gott, die Natur, meine Vorfahren, wer auch immer, hatte mir diesen Gestaltungstrieb gegeben, den ich ausleben musste, wollte und konnte (vgl. Illustration Seite 61, „Meine DNS"). Und es gibt keine größere Befriedigung, als seinen Trieb ausleben zu können. Danach ist man glücklich und erschöpft, aber man erwartet keinen Applaus, es sei denn, man ist Künstler-Darsteller.

Ich habe auf die Pauke gehauen! Aber ich hatte nichts nachzuholen. Ich bin mir treu geblieben und habe mich den veränderten Verhältnissen gestellt, meine Zeit genutzt. Von 2015 bis heute sind, einschließlich dieses Buches, dreizehn Titel erschienen. Und, wie es sich gehört, sehr unterschiedliche Titel, wie wir sehen werden.

Bereits im nächsten Jahr, 2016, erschienen zwei Bücher, ein Roman „Die Durchschlag-Strategie" und eine Aufsatzsammlung „Den Widerspruch zwischen Gelesenem und Gelebtem mit Geschriebenem lösen."

Beide Bücher sind illustriert. Auf Seite 58 und 59 oben die Illustrationen aus dem Roman. Es gibt sieben Kapitel und zu jedem Kapitel eine kleine Grafik, alle mit dem Photoshop erstellt. Zu der Zeit gab es ein 3-D-Programm in der Erprobung, das ich nutzen konnte. Die Software ermöglichte die Zusammenstellung von Personen, männlich, weiblich, Größe, Haarfarbe etc., plus Kleidung. Man konne diese Figuren dann dreidimensional drehen, was man besonders gut an den drei Figuren auf Seite 59 erkennen kann. Das bezieht sich natürlich nicht auf Adam aus Michelangelos Fresko.

Auf Seite 59 unten zwei Screenshots. Seit 2011 habe ich einen Youtube-Kanal mit mittlerweile über sechzig Videos. Links von 2014 ein Auszug aus „Der unglaubliche Aufsteig der Limone PC-Peinigerin zur Zitrone WC-Reinigerin," (Tabu Litu Buch 4, 1987), rechts „Soliloqui" (2021) während des Corona-Lockdowns. Der Screenshot auf Seite 60 links oben ist von 2015, beim Vortrag des Gewinner-Textes „Landschreiber" von 2014; rechts oben mit Skull-Cap für eine Lesung aus „Die Durchschlag-Strategie," die Liebesgeschichte zwischen Anna und Casten Kant, in der es auch um Brain-Computer-Interface geht, also die Verbindung von Computer und Gehirn.

Die Aufsatzsammlung war schnell zusammengestellt, denn außer dem Vorwort und zusätzlichen Illurationen musste ich nichts Neues schreiben, sondern nur Vorhandenes suchen und Passendes auswählen. Auch diese Sammlung ist eher repräsentativ als vollständig, denn im Verlaufe von fünf Jahrzehnten kommt einiges zusammen. Neben den Aufsätzen gibt es eine Reihe von Rezensionen, die ich auch auf meiner Website eine Zeitlang regelmäßig veröffentlichte. Es gibt insgesamt sieben Cartoons, von denen ich auf Seite 61 einige abbilde: „viral marketing – the faster it spreads the greater its damage." „Zunge in a-speak" (Zunge in Aspik). „Was sucht jemand, der den Ver-

Weiter auf S. 60

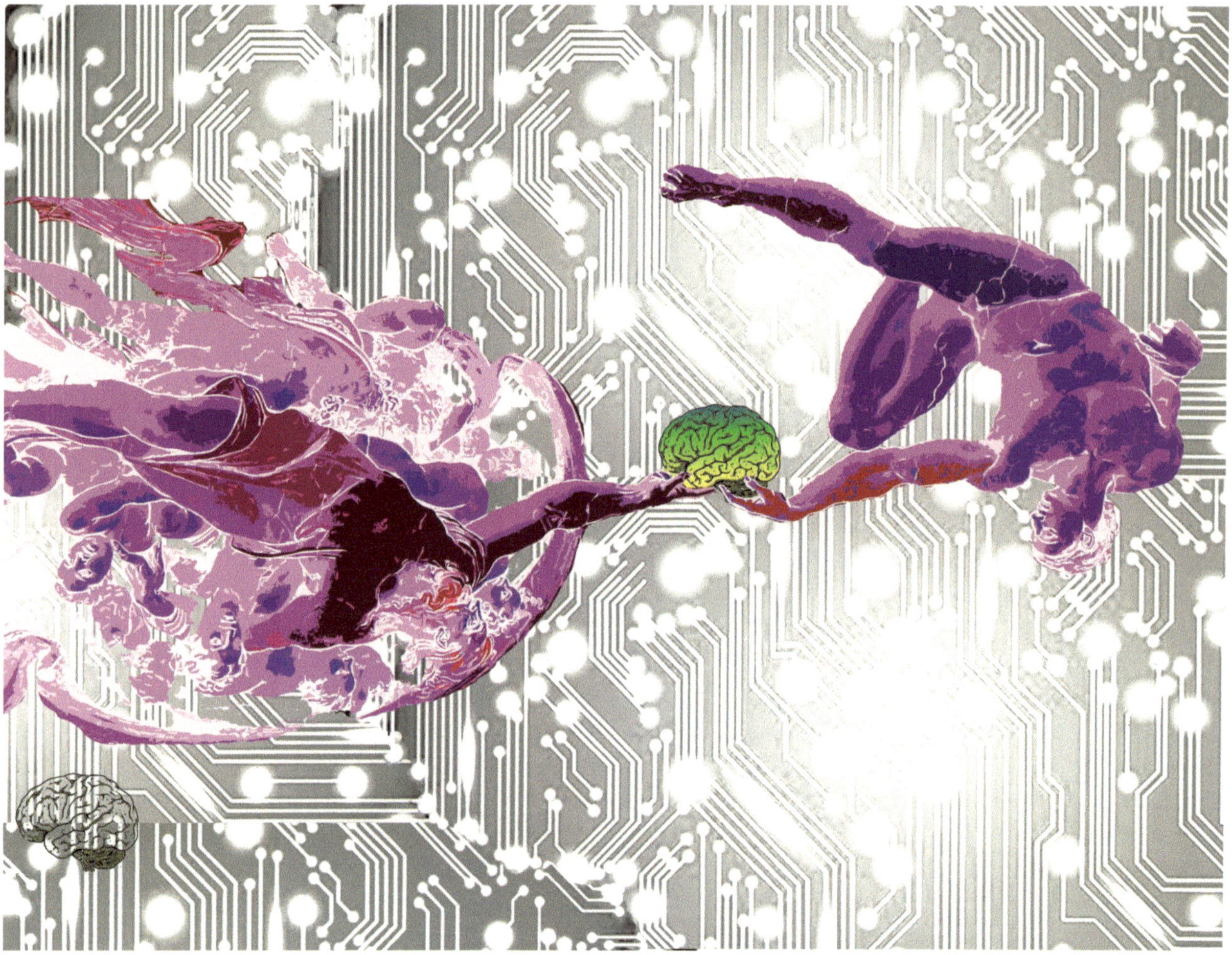

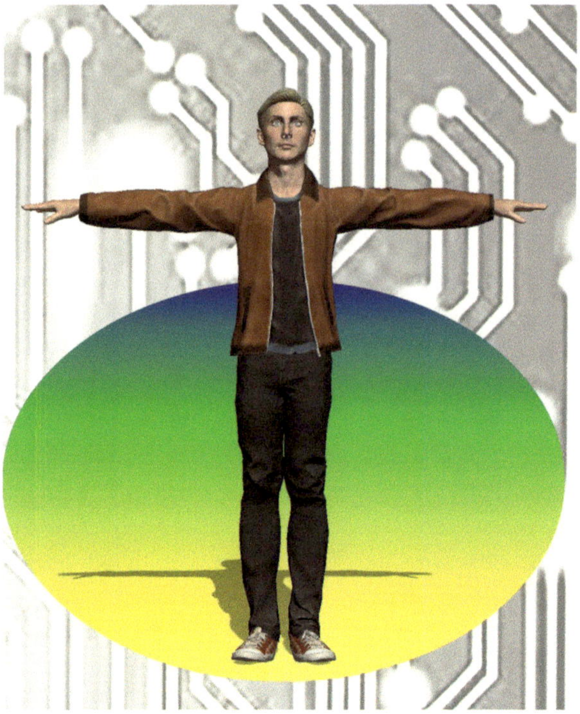

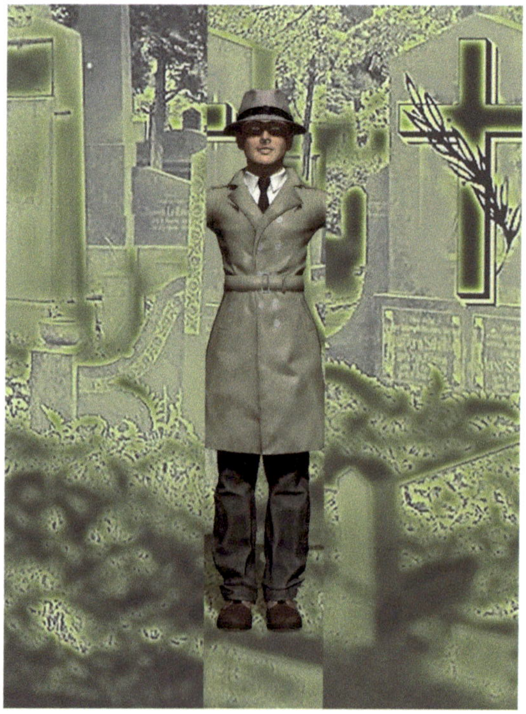

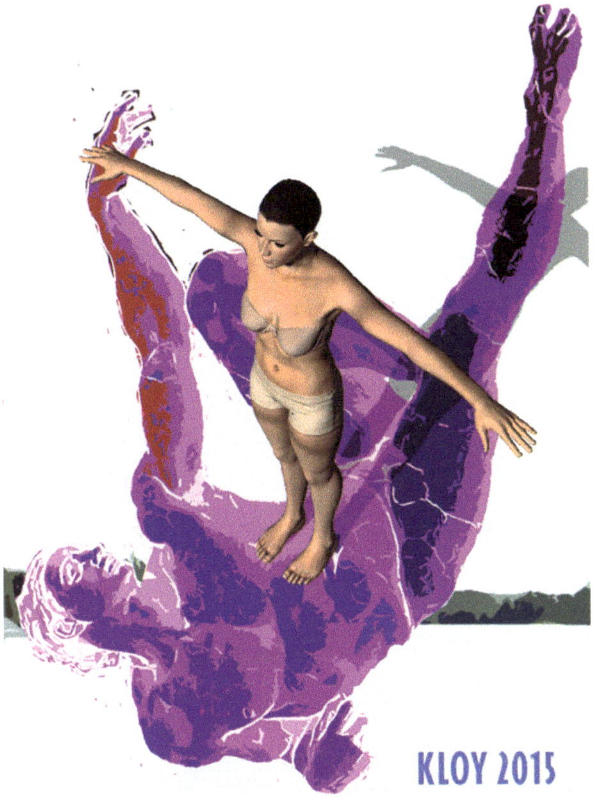
KLOY 2015

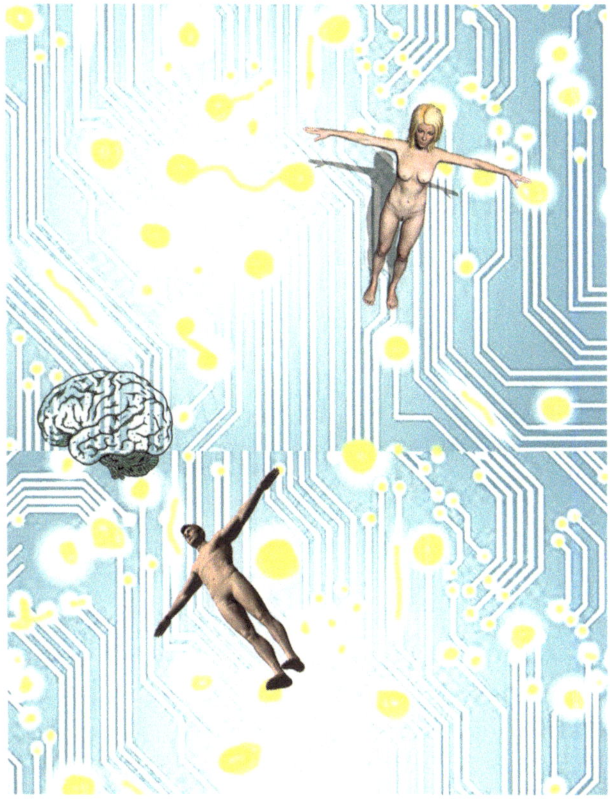

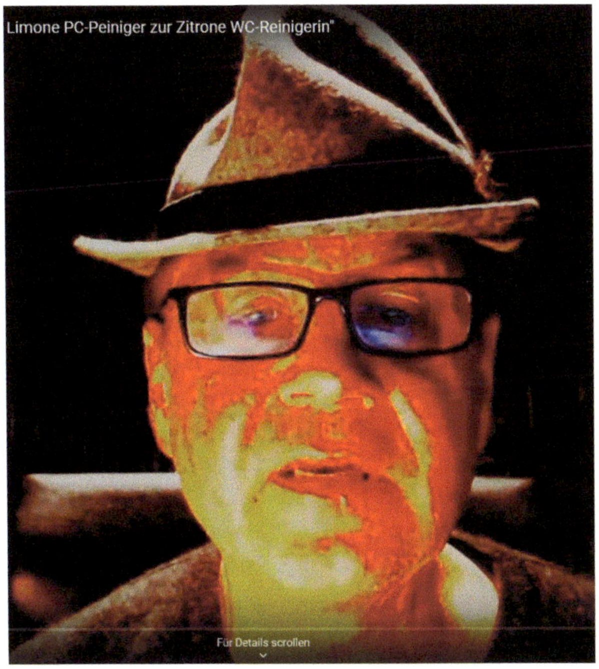
Limone PC-Peiniger zur Zitrone WC-Reinigerin°
Für Details scrollen

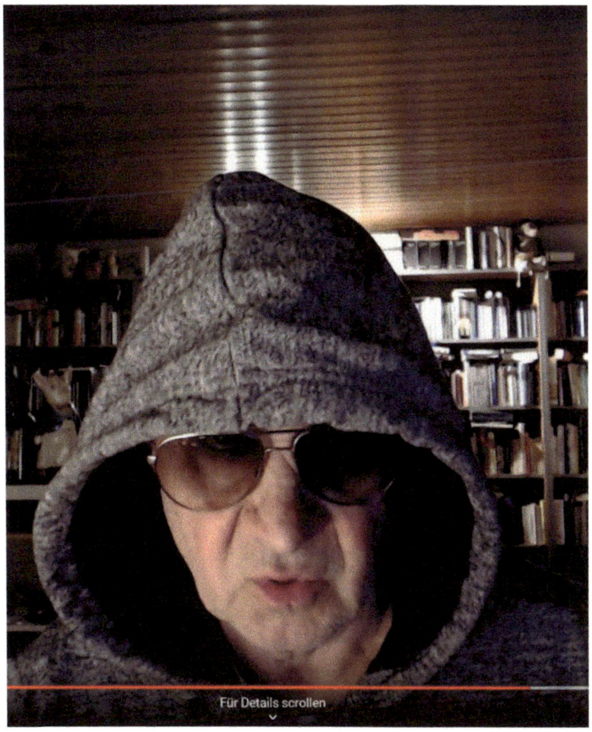
Für Details scrollen

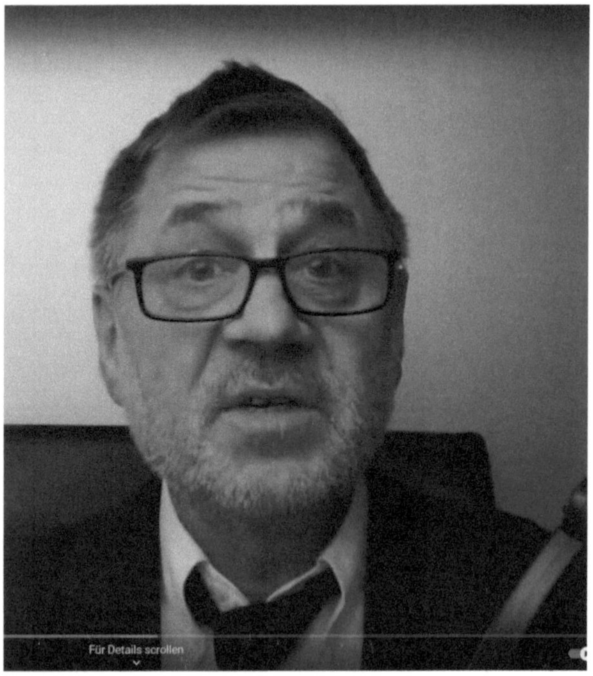

stand verloren hat? Richtig: Deutschland sucht den Superstar." „My writing existence", Seite 61. Deutsche Übersetzung: Meine Schreibexistenz ist ein Myzel von unsichtbaren und unauslotbaren Dimensionen, das nur gelegentlich Frucht trägt.

Seite 62 unten: „Wer glaubt, dass Buchhändler etwas von Literatur verstehen, glaubt auch, dass Tankwarte geophysikalische Verfahren und geochemische Analyse kennen müssten." „Ein Bild und sein statistischer Durchschnitt: subtraktive Farbmischung; additive Farbmischung." Zur Erläuterung: Mischt man die Farben in der oberen Hälfte des Bildes subtraktiv, erhält man Braun, mischt man sie additiv, erhält man Weiß. Ähnliche Aussagekraft wird damit statistischen Werten ironisch unterstellt: Man erhält Braun oder Weiß, von den ursprünglichen Farben ist nichts mehr zu ahnen.

Die Arbeit mit Acrylfarben kommt meiner Neigung zur Realisation spontaner Einfälle sehr entgegen, weit mehr jedenfalls als die langwierige Arbeit mit Ölfarben. Dennoch plante ich sehr genau, was die Farbschichten angeht, um spezielle Effekte bei der Vermischung zu erzielen. Im November 2017 habe ich zwölf Bilder gemalt (Format 28 x 40 cm auf Leinwand), die ich zu einem Jahreskalender 2018 zusammenstellte und verschenkte. Zwei von ihnen auf den Seiten 63 und 64.

2017 hatte ich meinen Tumor zwei Jahre überlebt und mein autobiografisch gefärbter Roman „Im Goldpfad" war 2014, also drei Jahre zuvor erschie-

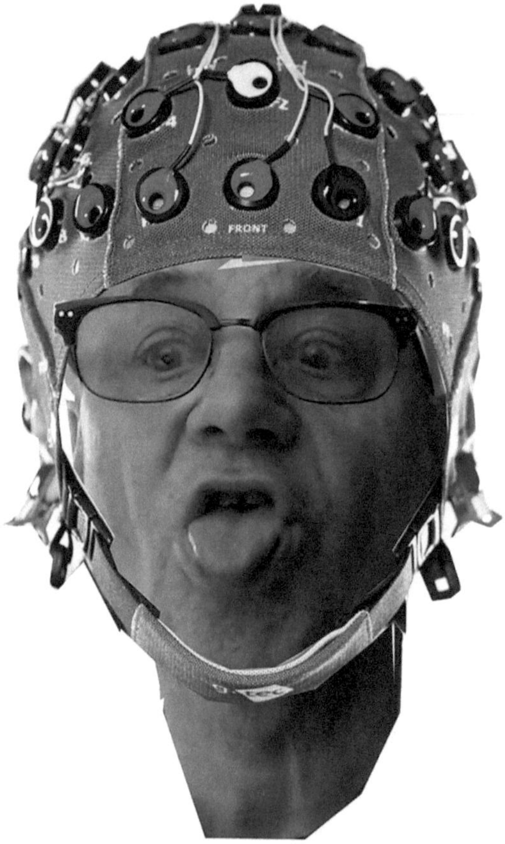

nen; ich hatte geglaubt, autobiografischer könne es für mich nicht werden. Kam es aber doch: „Paradise with Black Spots and Bruises – Stories, Pictures and Thoughts from a Lifetime." Das Buch enthält nicht nur die Geschichte(n) meines Lebens, sondern auch eine Auswahl dazugehöriger Bilder und Gedanken, also theoretische, essayistische Schriften. Ich hatte meine Nächsten um mich herum darüber informiert, sie um ihr Einverständnis gebeten, und ihnen versichert, dass es keine kompromittierende Details gebe. Aber auch für mich selbst benötigte ich zum Thema des Buches, mein Leben, Distanz, mehr Distanz als bei anderen Themen. Diese Distanz hoffte ich durch den Einsatz einer fremden Sprache zu erzielen, Englisch.

Ich hatte nicht nur Englisch studiert und unterrichtet, sondern ein wesentlicher Teil meiner Literarisierung war über diese Sprache erfolgt. Ich hatte mit ihr auch viel Geld verdient.

Ein Jahr später erschien eine kleine SF-Story „Verhüllte Männer in Weißen Häusern – Ein zsytopisches Selbstgespräch." Diese Erzählung basiert, wie die meisten Dystopien, auf der fiktiven Umkehrung realer Verhältnisse: Schwarze Frauen stellen in Kasten die herrschende Klasse, weiße Männer in speziell dafür eingerichteten Häusern, eben den Weißen Häusern,

Weiter auf S. 65

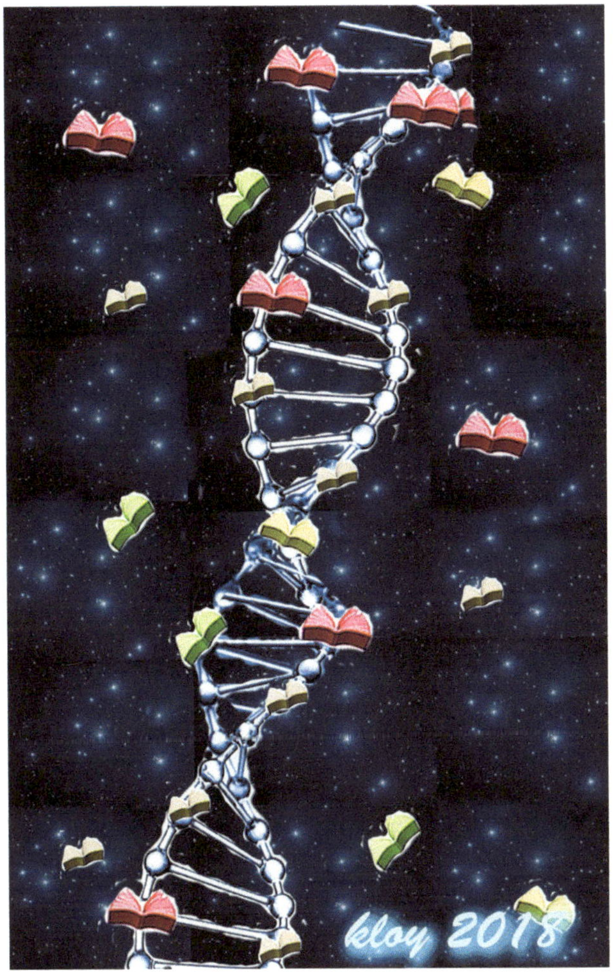
kloy 2018

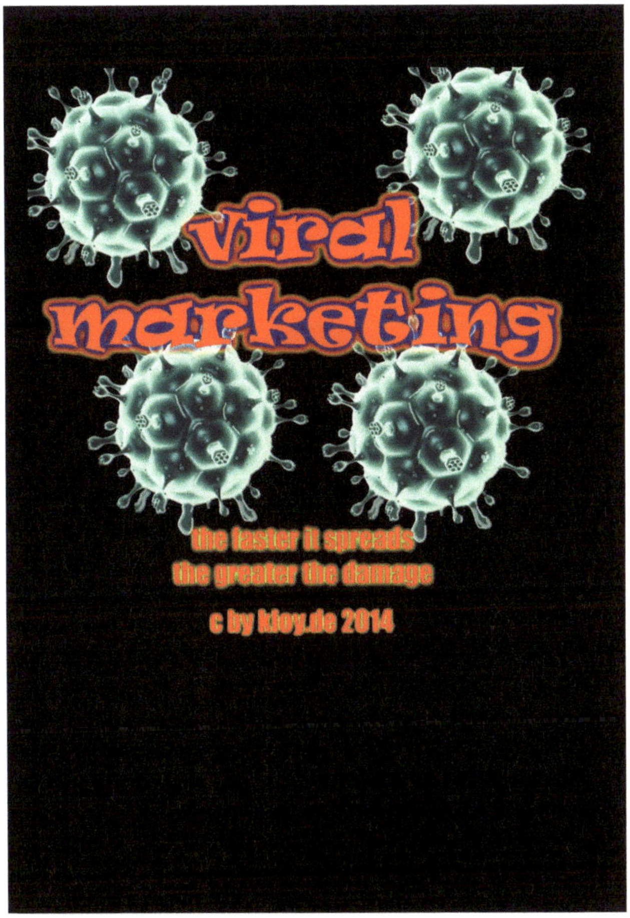
viral
marketing
the faster it spreads
the greater the damage
c by kloy.de 2014

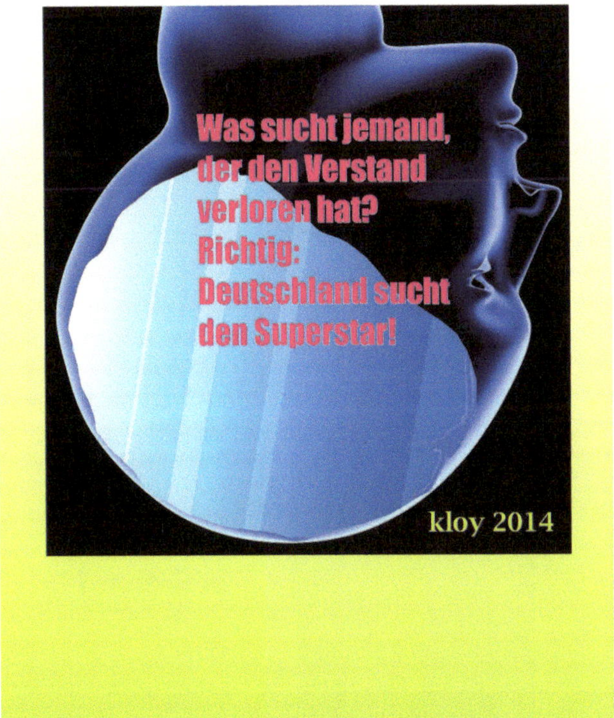
Was sucht jemand,
der den Verstand
verloren hat?
Richtig:
Deutschland sucht
den Superstar!
kloy 2014

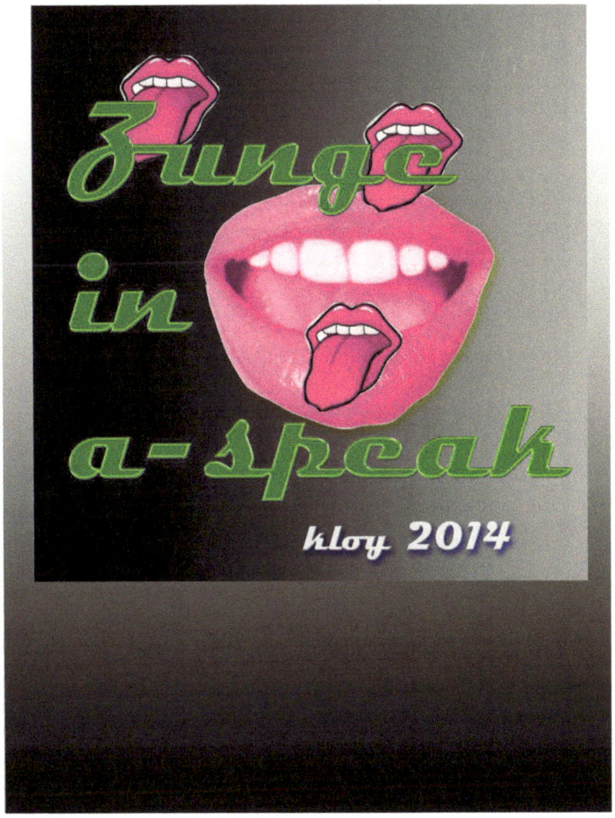
Zunge
in
a-speak
kloy 2014

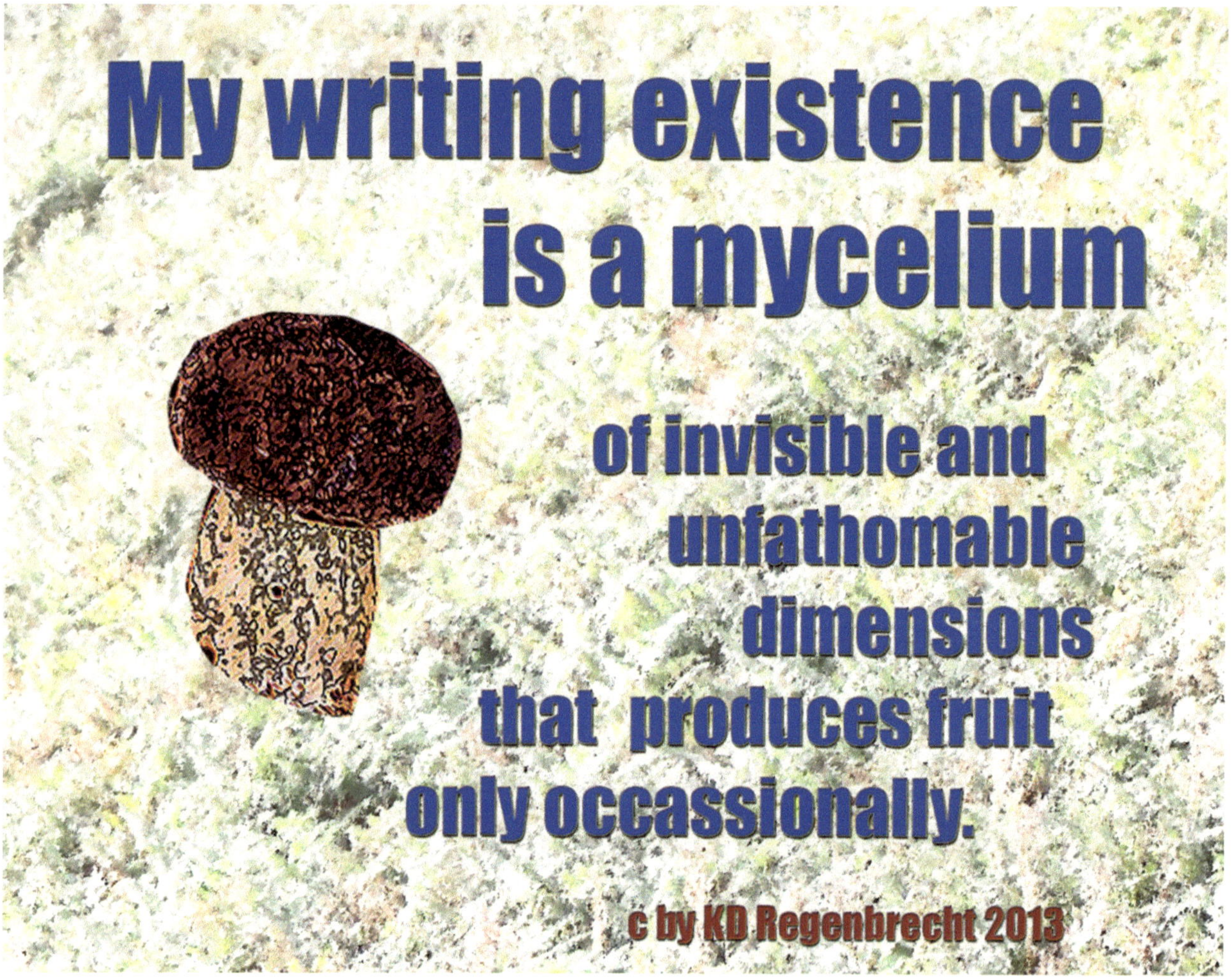
My writing existence
is a mycelium
of invisible and
unfathomable
dimensions
that produces fruit
only occassionally.
c by KD Regenbrecht 2013

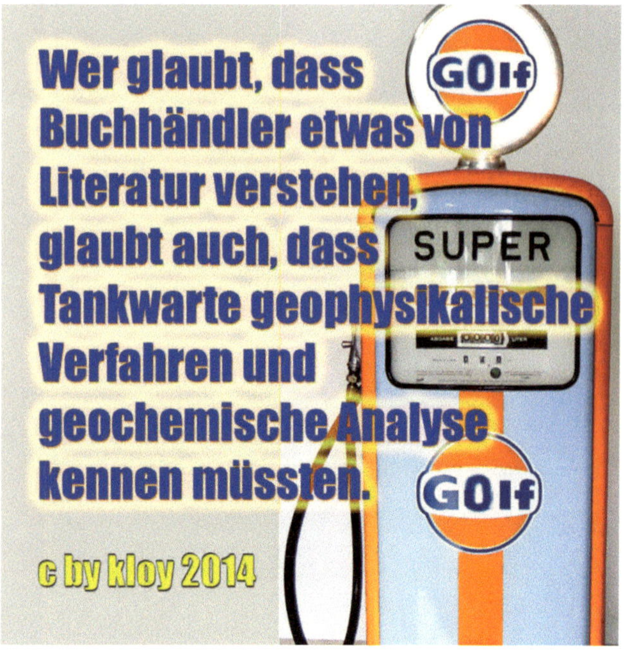
Wer glaubt, dass
Buchhändler etwas von
Literatur verstehen,
glaubt auch, dass
Tankwarte geophysikalische
Verfahren und
geochemische Analyse
kennen müssten.
c by kloy 2014
Gulf
SUPER
Gulf

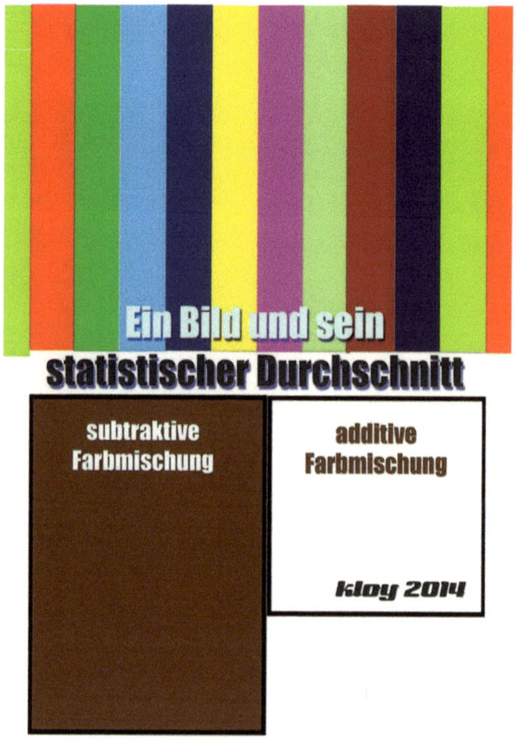
Ein Bild und sein
statistischer Durchschnitt
subtraktive
Farbmischung
additive
Farbmischung
kloy 2014

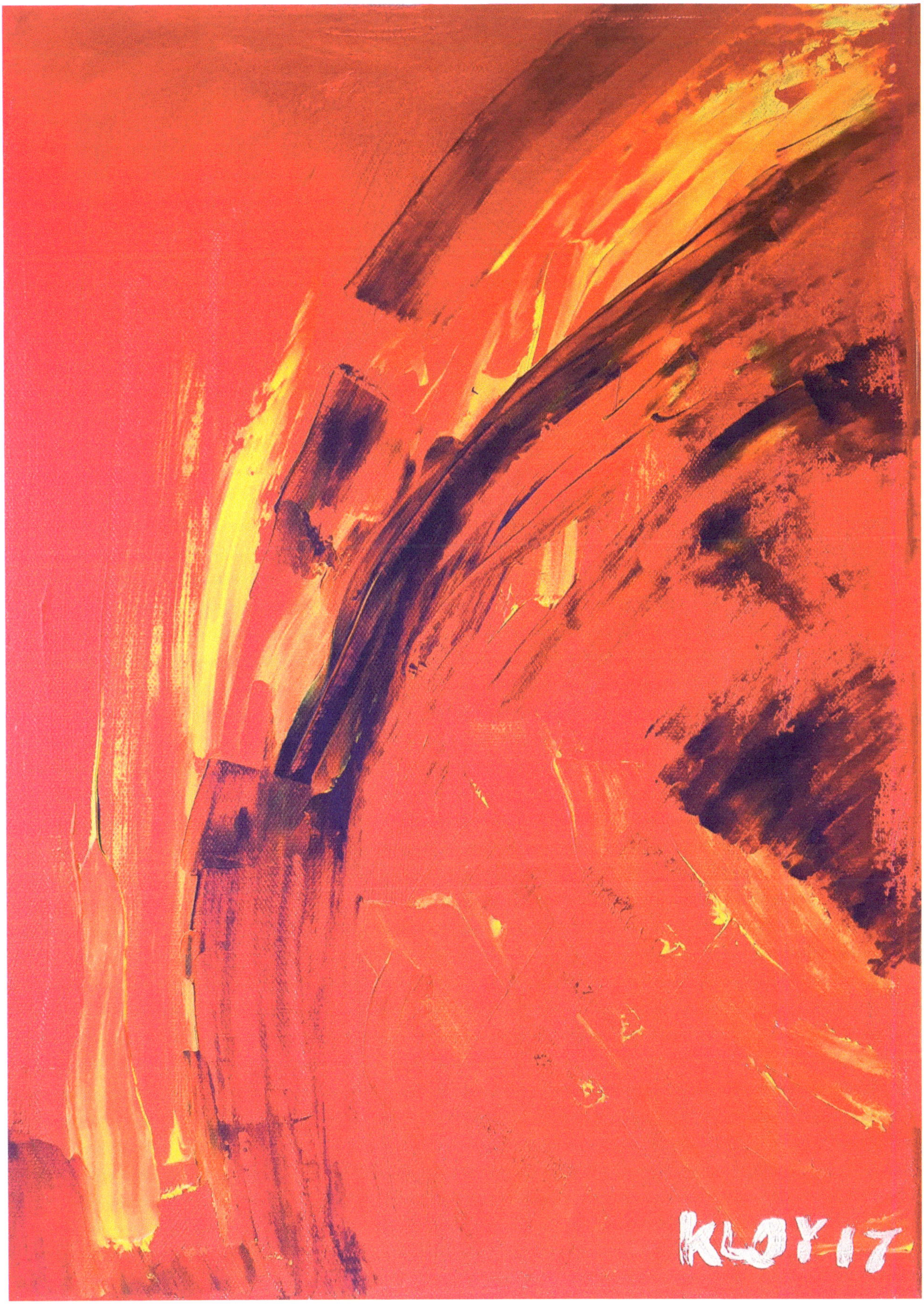
KLOY 17

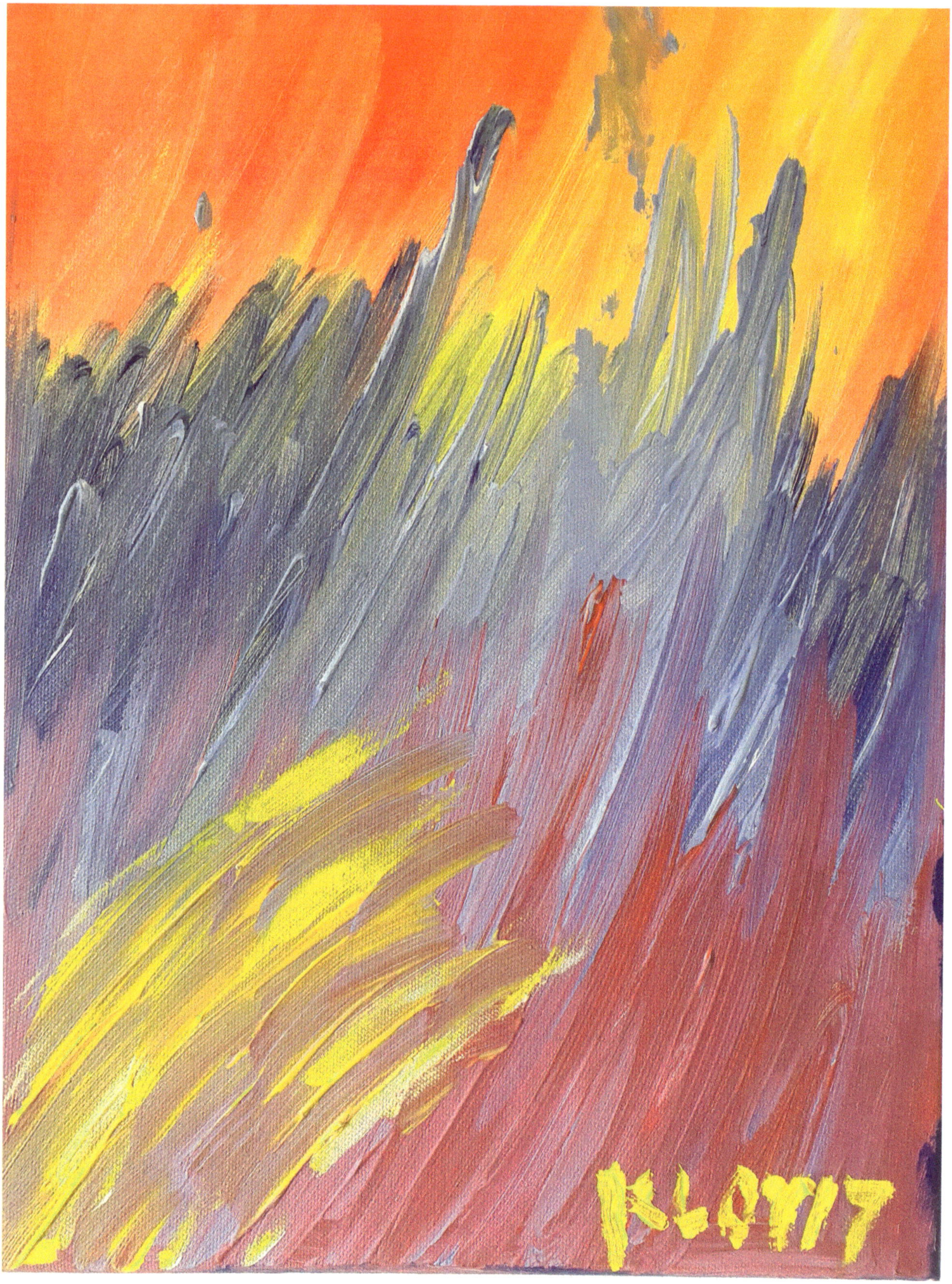

sind zu ihrer Unterhaltung und, auch sexuellen, Entspannung immer für sie da. Die Erzählung erschien im Februar 2018 und im Juni die erste Auflage „Ein Mythos wird vermessen – Topographie der Rheinlande im Licht der Romantik."

Die Arbeit an dem Essay hatte ich bereits 2005 begonnen, aber nicht weiterführen können. Zum einen war meine zeitliche Belastung durch die diversen Dozenten-Jobs sehr hoch, zum anderen hätte gerade dieses Projekt sehr viele Recherchen und damit verbundene Reisen bedeutet. Ich hatte knapp einhundert Seiten ausgeschrieben und den Inhalt als Ganzes bereits konzipiert.

Die Idee zu dem Thema Rheinromantik und Landvermessung war mir auf einer meiner Mountain-Bike-Touren gekommen. Ich hatte eine Hinweistafel auf das Kartenwerk Tranchots und von Müfflings gesehen. Da ich ja auch Geographie studiert und großes Interesse an Kartografie habe, studierte ich die „Kartenaufnahme der Rheinlande durch Tranchot und v. Müffling 1803-1820." Dabei fiel mir auf, dass ausgerechnet in dieser unruhigen Zeit, in der die Heere im Rheinland hin und her marschierten und Herrschaften und politischen Systeme in wenigen Jahren wechselten, die Romantik, speziell die Rheinromantik anfing. Damit war mein bis heute anhaltendes Interesse an der literarischen Epoche der Romantik geweckt.

Von 2005 bis 2018 hatte sich eine Menge verändert. Ich hatte mehr Zeit, und Recherchen, auch in Originalquellen, waren zunehmend im Internet, also von Zuhause aus, möglich.

So konnte ich das immerhin 300 Seiten umfassende Buch in wenigen Monaten fertigstellen. Durch die Veröffentlichung wurde wiederum so vieles angestoßen, dass ich schon im nächsten Jahr eine um mehr als einhundert Seiten längere zweite Auflage herausbringen konnte, dieses Mal mit dem Untertitel „Rhein, Romantik und neue Raumerfahrung."

Noch im gleichen Jahr, 2019, kam der Roman „Die selige Verzückung absehbarer Enttäuschung" heraus. Der Titel ist eine Variation eines Satzes, den Ricarda Huch zu Ludwig Tieck geschrieben hatte: „Am liebsten und besten schildert Tieck Liebe, die nur Sehnsucht ist, die verzückte Seligkeit unabsehbarer Trennung („Die Romantik", 1985).

Der Roman ist eine fiktive Umsetzung des romantischen Themas der Liebe in der heutigen Zeit des Speed-Datings und der Swinger-Clubs. In den Kapiteln gibt es Fotos oder Illustrationen. Seite 22:

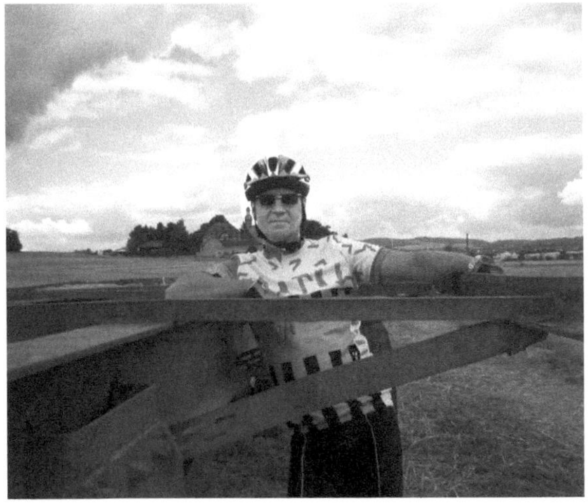

Grabplatte der Caroline von Günderrode. Seite 56: Professor X mit seinem blue notebook. Seite 60: Brentano-Haus in Oestrich-Winkel. Seite 83: Schloss Oberwiederstedt. Seite 91: Blick von der Loreley nach Süden. Seite 92: Blick von der Loreley nach Norden. Loreley-Skulptur auf dem rechten Rheinufer. Seite 109: love. Seite 120: Frankfurter Buchmesse. Seite 127: Kloster Eberbach. Seite 130: Cabinett-Keller, Kloster Eberbach (Seite 66, links oben). Seite 137: Schlafsaal, Kloster Eberbach (Seite 66, rechts oben). Seite 143: Die künstlich angelegte Ruine Rossel. Seite 145: Naheblick (Seite 66, rechts unten). Seite 163: Alfred Döblin, Thomas Mann, Ricarda Huch. Seite 177: Burgruine Königstein (Seite 66, links unten).

Seite 67 oben ein Screenshot eines Videos auf meinem Youtube-Kanal. Rechts unten ein Poster-Rohling für Veranstaltungen, Lesungen, sowie von Vorträgen mit Bildpräsentation zu den beiden letzten Büchern. Auch wenn ich als Künstler nicht auf Applaus angewiesen bin, als Verleger und Freiberufler brauche ich schon Einnahmen. Allein die Buchmesse-Präsenzen in Leipzig und Frankfurt kosten Geld, und nicht zu knapp. Ich hatte einiges vor und es gab Vorbereitungen für Veranstaltungen. Vor allem, weil 2020 der nächste Roman zu dem Themenfeld Romantik erschien: „Göttern und Menschen zum Troz – Ein Roman mit zahlreichen freien Adaptionen und Modificirungen div. Quellen." Ein Roman über das Leben der Caroline Schlegel-Schelling.

Aber dann kam Corona und das hilflose Agieren der politisch Verantwortlichen. Wieder einmal wurde so vieles über den Haufen geworfen, musste man sich, und dieses Mal nicht nur ich,

Weiter auf S. 68

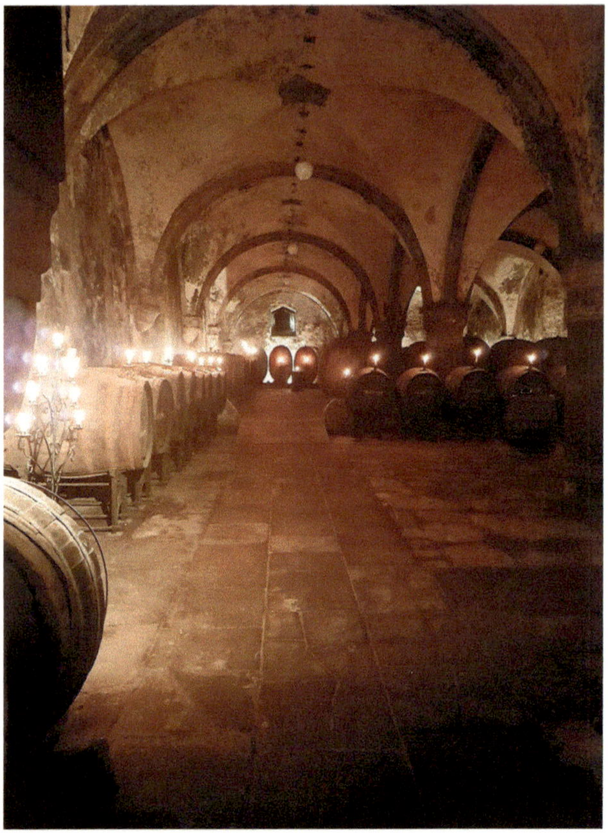

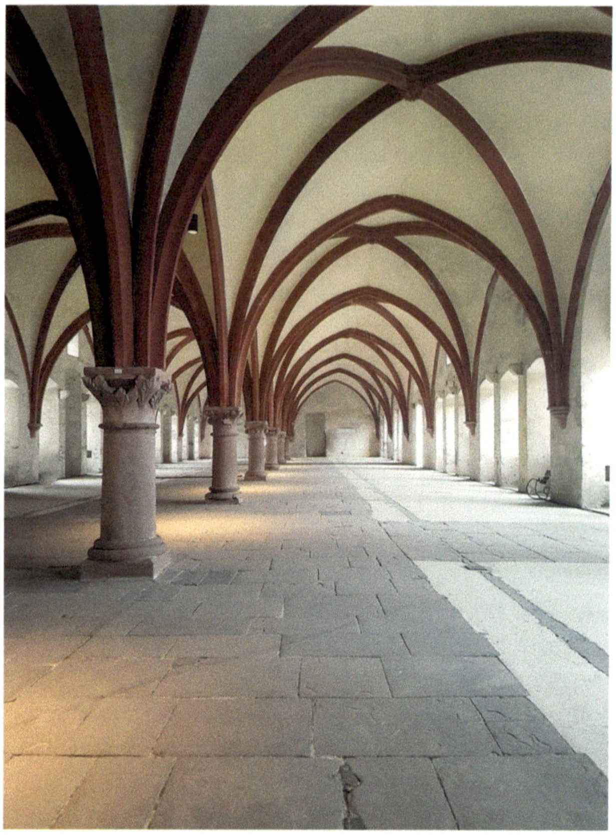

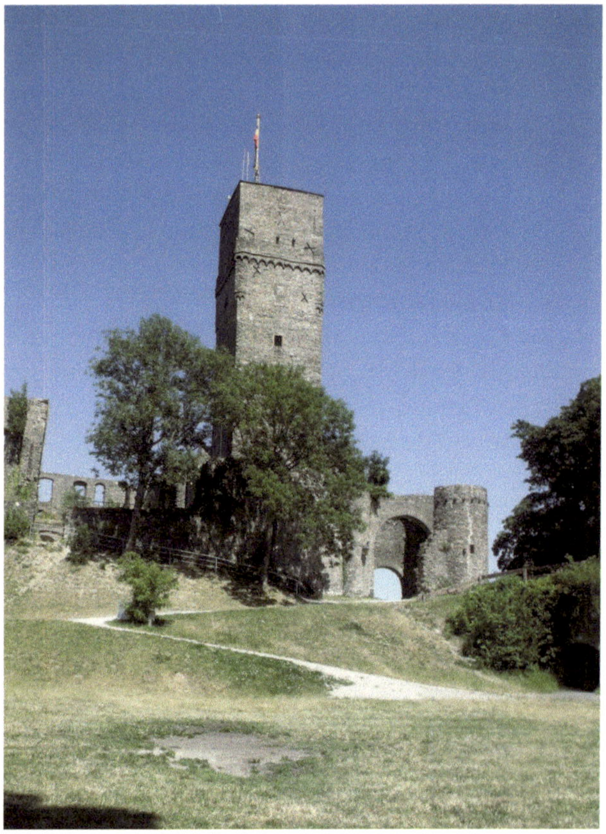

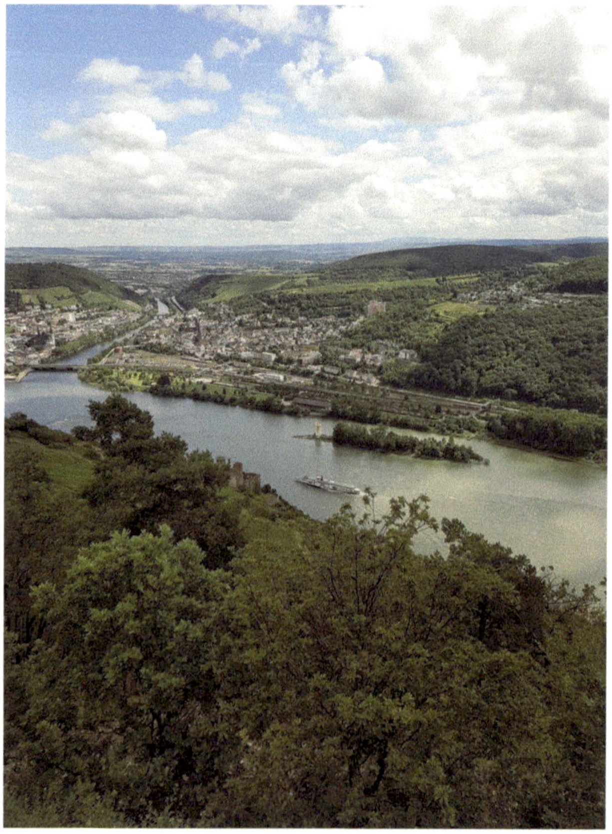

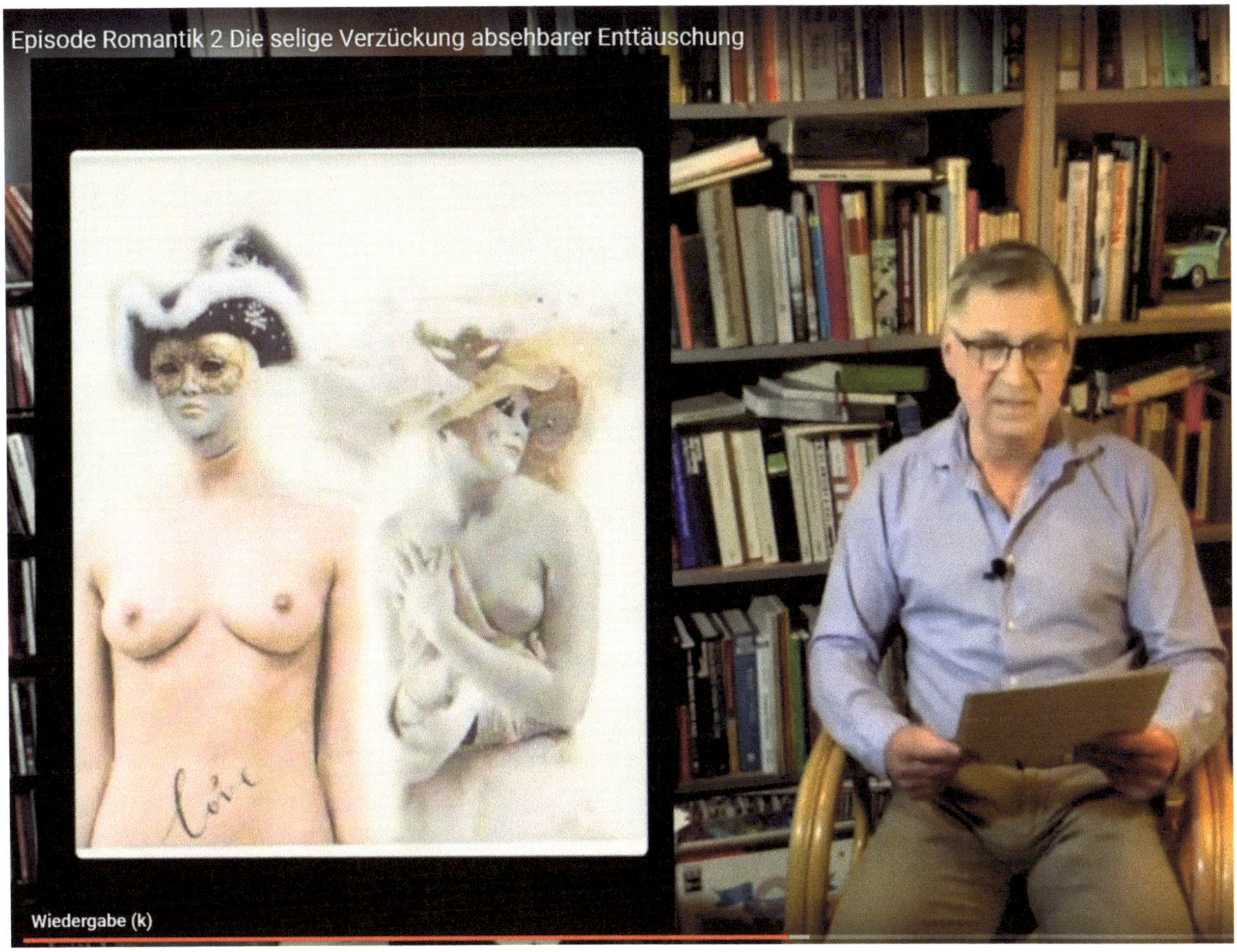
Episode Romantik 2 Die selige Verzückung absehbarer Enttäuschung
Wiedergabe (k)

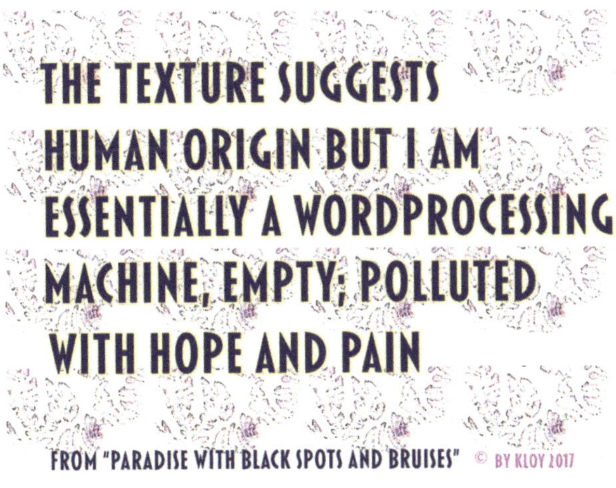
THE TEXTURE SUGGESTS HUMAN ORIGIN BUT I AM ESSENTIALLY A WORDPROCESSING MACHINE, EMPTY; POLLUTED WITH HOPE AND PAIN
FROM "PARADISE WITH BLACK SPOTS AND BRUISES" © BY KLOY 2017

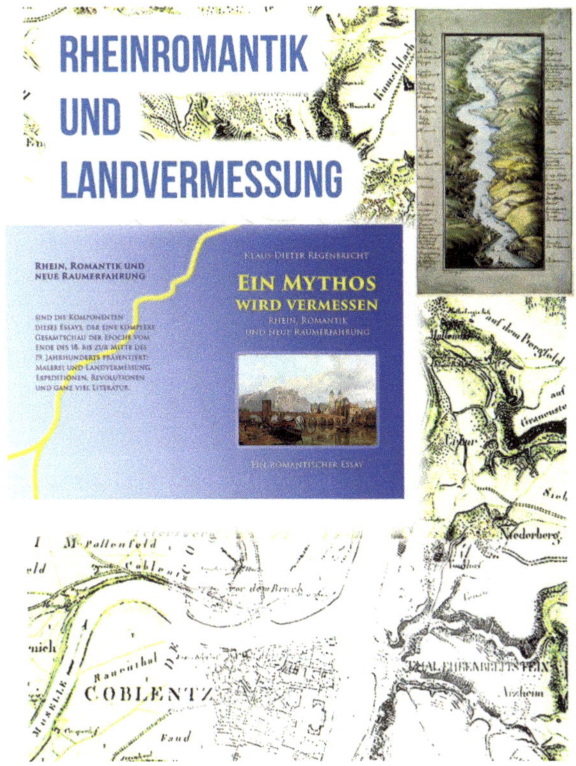
RHEINROMANTIK
UND
LANDVERMESSUNG
Rhein, Romantik und neue Raumerfahrung
sind die Komponenten dieses Essays, der eine komplexe Gesamtschau der Epoche vom Ende des 18. bis zur Mitte des 19. Jahrhunderts präsentiert: Malerei und Landvermessung, Expeditionen, Revolutionen und ganz viel Literatur.
Klaus-Dieter Regenbrecht
Ein Mythos wird vermessen
Rhein, Romantik und neue Raumerfahrung
Ein romantischer Essay
Niederberg
COBLENTZ

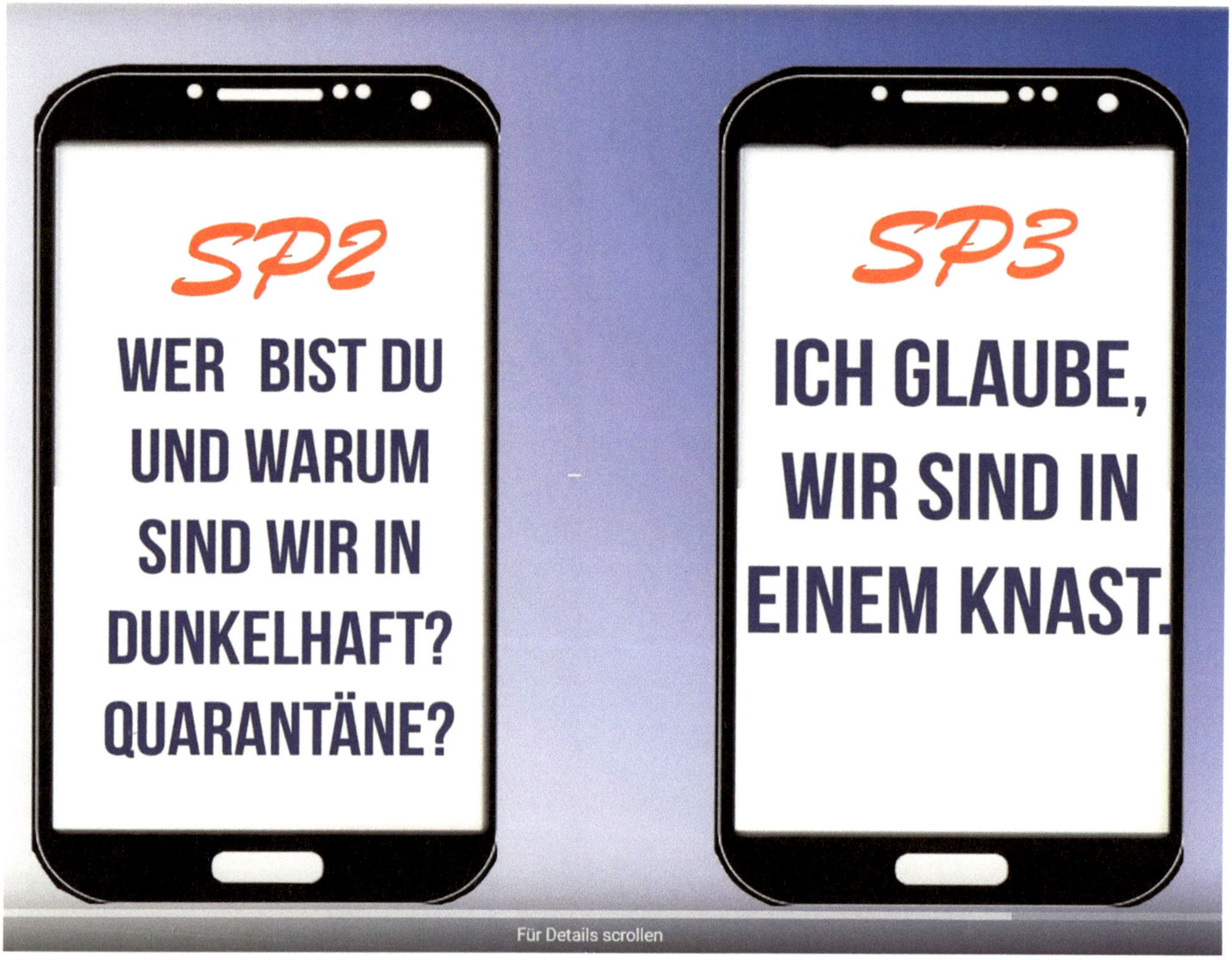

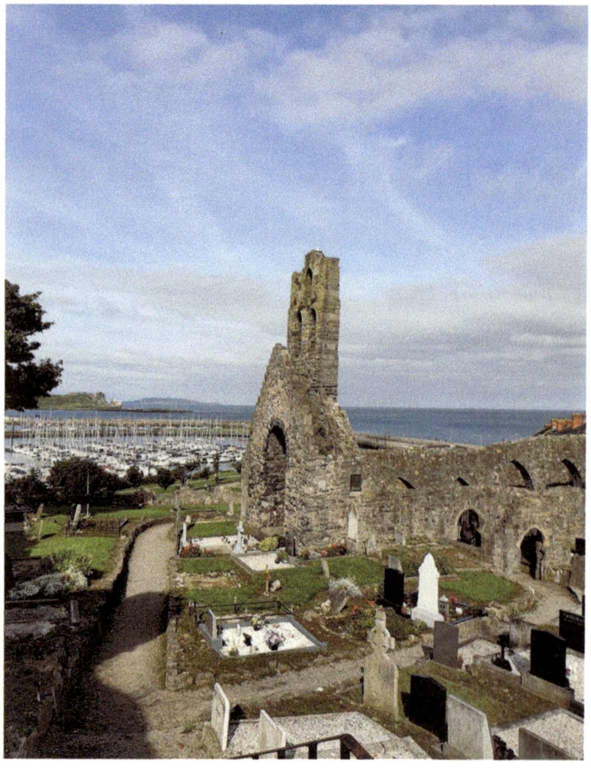

neu sortieren und organisieren. Da ich immer noch unterrichtete, wenn auch nur an einem Tag ein paar Stunden, war Online-Unterricht bald kein Fremdwort mehr für mich.

Bevor ich die Pandemie und ihre missglückte Bekämpfung selbst in einem Magazin verarbeitete, gab es wieder ein kurzes Intermezzo: „Absent*Presence/Present*Absence – ein Theaterstück in 8 Memen für 8 Darsteller, Smartphone 1 bis Smartphone 7 (SP1-SP7), und Alextra, die Computerstimme."

Oben zwei Folien aus der Youtube-Präsentation einer kurzen Szene. Ein Intermezzo, mein zweites Theaterstück. Ein paar Monate später kam zunächst die erste und noch im selben Jahr, 2021, die zweite Auflage heraus: „Die Definition von Wahnsinn – Mein Seuchenjournal." Bei der ersten Auflage hatte ich einen Text vergessen, den ich auf keinen Fall hätte vergessen dürfen. Nämlich wieder ein Textauszug aus „Stellas Promotion", in dem es um Sprachviren geht.

Mit dem Magazin-Format, das gleiche wie bei diesem BilderBuch, fühlte ich mich sehr wohl, konnte ich doch, was ich so gerne mache, Lektoren und Verleger aber überhaupt nicht mögen, die unterschiedlichsten Texte mit ganz unterschiedlichen Bildern illustrieren.

Auszüge aus Romanen, Gedichte, Kommentare und Informationen zum aktuellen Geschehen rund um die Pandemie, essayistische Aufsätze über Krankheit und Sterben im Allgemeinen. Eigene Bilder, Fotos, klassische Gemälde, Statistiken, alles, was mir zur Verfügung stand, um mich mir selbst in diesem absolut ungewohnten Zustand zu vergewissern.

So vieles ging unwiederbringlich verloren. Um nur ein Beispiel zu nennen: Wichtige kulturelle, ehrenamtliche Vereinsarbeit wurde zerstört, weil selbst eine Serie von Online-Konferenzen den persönlichen Kontakt bei Vorstandssitzungen und Mitgliederversammlungen nicht ersetzen können; Misstrauen und Argwohn führten zu Verwürfnissen.

Aber schon im September 2021 gab es eine kurze Erholungspause, in der ich nach Dublin reiste. Das Foto auf Seite 68 ist auf der Halbinsel Howth aufgenommen worden, und dazu habe ich ein Gedicht geschrieben, das zusammen mit dem Foto auf der letzten Seite des Magazins zu sehen ist:

A September Day in Howth:
Tranquility in Transition

A ruin with a graveyard,
The sea with boats
And the sky with clouds.
I travel and wonder,
I muse about my place in the
Elements: Coming and going.
Persistent and perishing like
Corpses in the ground,
Like clouds in the sky.
Volatile forever.

Dublin, the City of Writers, 2021

In diesem BilderBuch geht es noch etwas weiter. Zwei Jahre nur, aber mit zwei Schwergewichten an Publikationen. Nicht nur bei Grafiken und Malereien agiere ich zumeist spontan, auch bei Buchprojekten. Oft ergibt sich ein neues Projekt aus dem gerade veröffentlichten Buch. Schon dem Roman „Die Rheinland-Papiere“ habe ich den Untertitel „Oder die Tricks der Bücher“ gegeben. Umberto Eco nämlich hat einmal geschrieben, der Autor sei nur ein Trick von Büchern, um ein neues Buch zu erzeugen. Hatte ich also gerade den biografischen Roman über Caroline Schlegel-Schelling veröffentlicht, was lag da näher als eine Biografie über ihren zweiten Ehemann August-Wilhelm Schlegel? „Entstelltes Chaos glänzender Gestalten – Die Frauen in August Wilhelm Schlegels Leben“, ist immerhin über 400 Seiten stark und erschien im April 2022. Der Titel ist ein Zitat aus Shakespeares „Romeo und Julia“, das Schlegel zusammen mit Caroline übersetzt hat. Auf der Buchmesse in Frankfurt konnte ich die Biografie vorstellen (s. Seite 70 oben).

Nachdem ich mich nun einmal so lange mit dieser Epoche, insbesondere der Frühromantik, beschäftigt hatte und mir eine ansehnliche Bibliothek dazu angeschafft hatte, schien es mir nur konsequent, das alles ausgiebig zu nutzen. Unter diesen Voraussetzungen kann man auch umfrangreiche Bücher ziemlich schnell schreiben. Recherchieren in Originalquellen kann man im Internet, Zitate zu finden, ist also überhaupt kein Problem.

Fast nach jedem Buch nehme ich mir vor, eine Pause zu machen, beziehungsweise mich als Verleger mehr um den Absatz zu kümmern, aber ich kann meinen Kopf nicht abstellen, kann die Gedanken nicht daran hindern, sich mit Themen und Motiven zu befassen, und dann braucht es nur einen kleinen Anstoß, um den Einstieg zu einem neuen Projekt zu finden, das Gestalt annehmen will.

Kaum hatte ich Flyer für meine Romantik-Trilogie drucken lassen, war eine Tetralogie draus geworden, und beim nächsten Buch war es bereits eine Pentalogie: „Romantische Liebe – So reich an Freud ihr Schatten,“ das im Februar 2023 erschien. Der Untertitel ist wieder ein Zitat aus „Romeo und Julia.“ Die Abbildung auf Seite 70 zeigt, wie ich die Romantische Liebe sehe, wie sie sich darstellt, wenn man den Begriff nicht wie heute versteht, sondern als das, was die Liebe zur Zeit der Romantik war, was ein durchaus anderes Bild ergibt.

Dieses Buch ist der Höhepunkt und, wer weiß, vielleicht auch der Abschluss meiner Publikationen zum Thema Romantik. Hatte ich der SWR-Redakteurin, die einen kleinen Beitrag fürs Fernsehen (LandesART 12. März 2023; in der ARD-Mediathek: Kreativbranche in Gefahr durch ChatGPT?) bei mir aufnahm, auf ihre Frage, woran ich denn arbeite, noch geantwortet, dass ich jetzt aber wirklich eine Pause mache, war auch das schon nach ein paar Tagen Makulatur.

Nun bin auch mit dem BilderBuch ans Ende gekom-

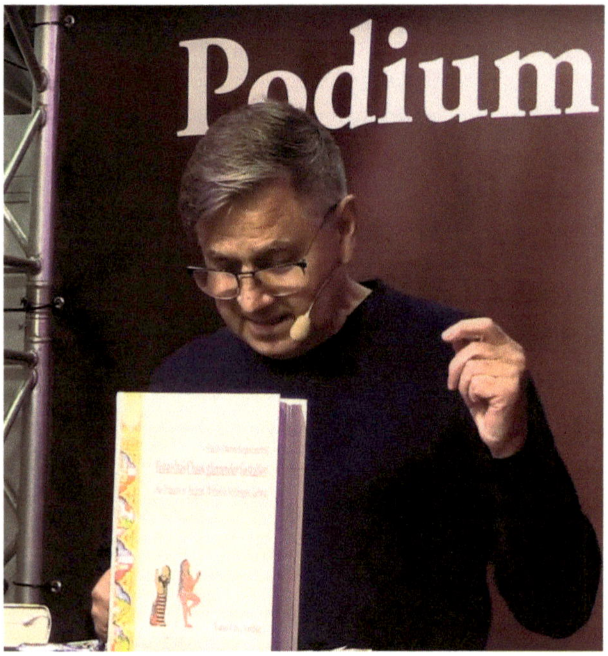

men, ohne eine Ahndung, wie die Romantiker noch schrieben, zu haben, was als nächstes kommt. Meinen Tumor habe ich um acht Jahre überlebt und ich denke, ich habe meine Zeit genutzt.

Es ist ein gutes Gefühl zu wissen, dass ich in der Universitätsbibliothek in Bonn, das ich ohne das Staatsexamen gemacht zu haben verließ, „Ein Mythos wird vermessen" vorfinde. In Berkeley, Kalifornien, wo ich 1980 und 2009 als Tourist ein paar Tage verbrachte, hätte ich beim zweiten Besuch in der dortigen Universitätsbibliothek einen Blick in alle neun Bücher von „Tabu Litu – Ein documentum fragmentum" werfen können. Auch wenn mir der Applaus, die öffentliche Anerkennung, nicht so wichtig ist, mache und publiziere ich meine Bücher, damit sie gelesen werden.

Vielleicht ist das Diagramm zur Romantischen Liebe gar kein so übler Abschluss für mein BilderBuch eines Unikums.

Klaus-Dieter Regenbrecht
Koblenz, Im April 2023

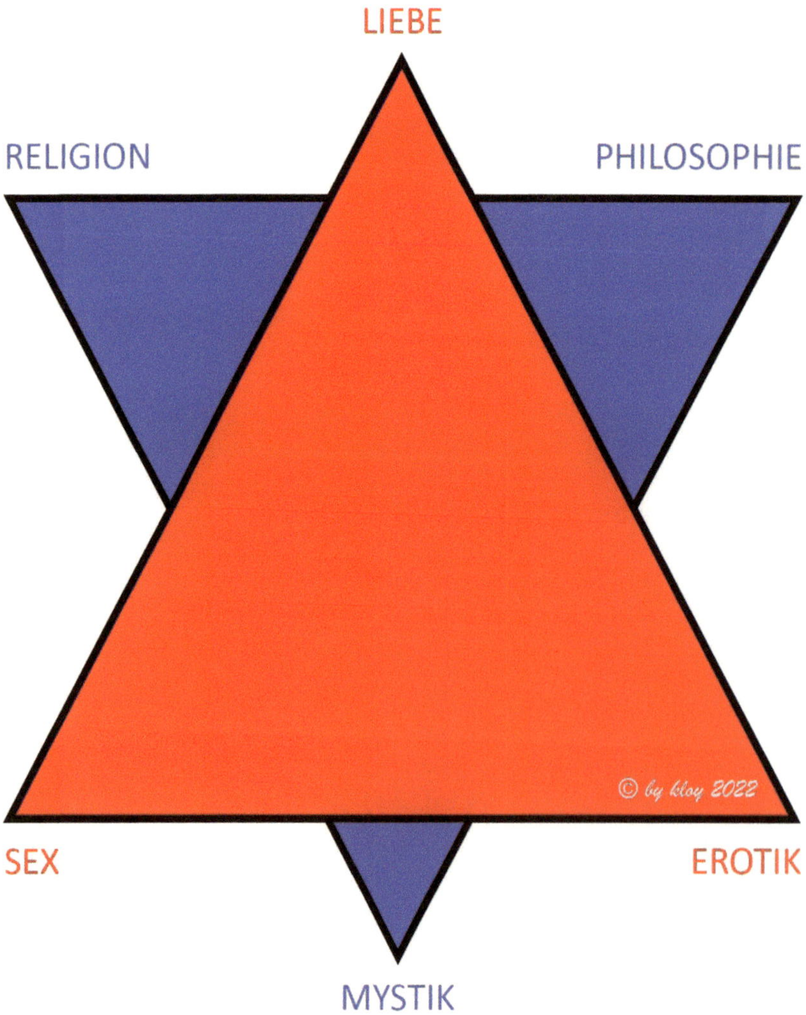

Klaus-Dieter Regenbrecht:

Tabu Litu – ein documentum fragmentum in neun Büchern (1985-1999)

Continuity – Hitchcocks, Pocahontas, Krimi (2003)

Das Camp – Acht neue Erzählungen (2004)

Die Reisen des Johannes, Erzählung (2008)

AmoRLauf – Ein Bildungsroman (2010)

Transit Wirklichkeit, Roman (2009)

Im Goldpfad 10 – Ein Schlüsselroman (2013)

Jonas von Dohms zu Brügge, Roman (2014)

Luhmen & Balder: Minimal-invasive Eingriffe, Erzählung (2015)

Die Durchschlag-Strategie, Roman (2016)

Den Widerspruch zwischen Gelesenem und Gelebtem mit Geschriebenem lösen, Aufsätze und Cartoons (2016)

Paradise with Black Spots and Bruises – Stories, Pictures, and Thoughts of a Lifetime, Autobiografie (2017)

Verhüllte Männer in Weißen Häusern – Ein zsytopisches Selbstgespräch (2018)

Ein Mythos wird vermessen Rhein – Romantik und neue Raumerfahrung. Ein romantischer Essay (2019)

Die selige Verzückung absehbarer Enttäuschung, Roman (2019)

Göttern und Menschen zum Troz – Ein Roman mit zahlreichen freien Adaptionen und Modificirungen div. Quellen (2020)

Absent*Presence/Present*Absence –Ein Theaterstück in 8 Memen (2021)

Entstelltes Chaos glänzender Gestalten – Die Frauen in August Wilhelm Schlegels Leben, Biografie (2022)

Romantische Liebe – So reich an Freud ihr Schatten (2023)